LA RECETA PARA DORMIR

LA RECETA PARA DORMIR

7 días para entregarte a un buen descanso

Aric Prather

DIANA

Algunos de los nombres y de los rasgos característicos de algunas personas se han modificado para proteger su privacidad.

Título original: *The sleep prescription: seven days to unlocking your best rest* / Aric Prather, PhD. PENGUIN BOOKS. Un sello editorial de Penguin Random House LLC, penguinrandomhouse.com

Diana es un sello editorial de Editorial Planeta, S. A.
Diagonal, 662-664, 08034 Barcelona (España)
www.dianaeditorial.com
www.planetadelibros.com

Diseño de interior, Daniel Lagin

Primera edición: noviembre de 2024
Depósito legal: B. 17.552-2024
ISBN: 978-84-1119-140-1
Composición: Realización Planeta
Impresión y encuadernación: Limpergraf, S. L.

PEFC Certificado
Este libro procede de bosques gestionados de forma sostenible
PEFC
PEFC/14-38-00305 www.pefc.es

*Este libro está dedicado a mi esposa, Michelle,
y a mis dos hijos, Spencer y Jackson. Quizá no me dejéis
dormir bien de vez en cuando, pero también sabéis darme
esa confianza que me resulta tan necesaria para soñar.*

SUMARIO

INTRODUCCIÓN

FUISTE CONSTITUIDO PARA DORMIR

Hace unos años, justo después de que mi hijo pequeño naciera, me pasé toda una noche con él en brazos; estaba recostado sobre mi pecho y durmiendo. Tenía tan solo un par de semanas, y era tan pequeño que su cuerpo me cabía entre las manos. Como les sucede a todos los que acaban de ser padres o madres en estas situaciones, me sentía agotado (notaba como arena en los ojos y apenas conseguía mantenerlos abiertos). El niño dormía profundamente, con esa respiración lenta y rítmica que tienen los bebés, y que yo percibía como un soplido en la oreja. De todos modos, sabía perfectamente que, en el instante en que intentara ponerlo con toda suavidad en la cuna (sumamente despacio, por cierto), mi niño se despertaría de golpe y se echaría a llorar a pleno pulmón en señal de protesta. Por eso me obligué a mí mismo a mantener los ojos bien abiertos y a sostenerlo un rato más en brazos. Como científico especializado en la clínica del sueño, sabía lo que el sueño estaba haciendo por mi hijo y por su pequeño cerebro en desarrollo: consolidar sus recuerdos, forjar nuevas sinapsis neuronales, eliminar los residuos de los procesos cerebrales del día con un chorro limpiador de fluido cerebroespinal, bajarle la tensión arterial para que su diminuto sistema nervioso se relajara y, finalmente, liberar por todo su cuerpo la hormona humana del crecimiento, que es una hormona que fomenta la sanación, la regeneración y el crecimiento.

No era la primera vez que me paseaba en brazos con un bebé hasta altas horas de la madrugada cuando lo único que deseaba era poder dormir, y no sería la última. Pero esa noche en concreto estuve pensando en el trabajo que puede llegar a costarnos conciliar el sueño. En nuestra clínica del sueño de la Universidad de California, situada en San Francisco (UCSF), tenemos una línea en la puerta (al menos, metafóricamente hablando) que pueden cruzar esas personas que necesitan ayuda para dormir. Para muchos, dormir puede llegar a ser un asunto muy espinoso y esquivo, una fuente de presión y ansiedad, en lugar de serlo de relajación y recuperación. Para unos es como una habilidad que nunca terminaron de dominar, y entonces sienten como si se hubieran pasado la vida durmiendo mal. Para otros es una habilidad que, de repente, se les escapó de las manos sin dar explicación alguna: ¿adónde había ido a parar?

Como sucede cuando comemos, bebemos y respiramos, también necesitamos dormir para sobrevivir. Si dejáramos de dormir, moriríamos. Sin duda, tardaríamos lo nuestro, pero el sueño es un proceso tan esencial para prolongar la vida como lo puedan ser la comida, el agua y el oxígeno.

Nuestros cuerpos, sin dormir, terminarían por dejar de funcionar. Pero si eso es así, ¿cómo es posible que algo que debería ser tan natural, instintivo y automático sea tan difícil?

Me gano la vida estudiando el sueño, y por eso puedo decirte desde este mismo instante que, en general, eres tú precisamente quien está impidiendo que puedas disfrutar de un buen descanso.

Y no estoy refiriéndome solo a ti. Me refiero a todos. ¡Se nos da tan bien interponernos en nuestro propio descanso! Y no lo hacemos con intención, no. No es que estemos tomando malas decisiones porque sí. En la clínica del sueño, mis colegas de trabajo y yo tratamos anualmente a centenares de pacientes a los que les cuesta mucho conciliar el sueño por las noches. Cuando vienen a vernos es porque ya lo han intentado todo. Han recurrido a las consabidas normas higiénicas que conviene seguir para dormir bien, como por ejemplo procurar que el espacio de descanso sea un lugar tranquilo, oscuro y fresco. Han probado con la medicación. Y no pocas veces nos han venido derivados de otros médicos o terapeutas. Para muchos de ellos, el sueño está tan plagado de dificultades que la angustia de pensar si esa noche van a dormir bien o no es lo que precisamente les impide dormir. Sí, ya sé que resulta irónico, ¿verdad? Lo entiendo, pero también te diré que eso es algo tan fuerte y poderoso que hace que resulte muy difícil truncar el ciclo del «antisueño».

Gran parte del problema radica en que el mundo en el que vivimos no está montado para que podamos dormir bien. Para muchas personas, el sueño ocupa el último lugar en su lista de prioridades. Vamos tomando decisiones de la mejor manera posible a lo largo de todo el día: terminar el trabajo; hacer las cosas bien y conseguir lo que nos proponemos; pagar las facturas; apoyar a nuestros niños y a nuestra pareja... De todos modos, muchas de las decisiones que tomamos (y que, en su momento, estuvieron plenamente justificadas) nos vuelven a asaltar al final del día. Y, a causa de estas elecciones insignificantes —en apariencia—, terminamos con los ritmos circadianos desregulados o con un escaso impulso homeostático para dormir. Cuando cerramos los ojos, ciertos estimulantes como la cafeína, que bloquean las hormonas reguladoras del sueño, siguen permeando nuestro organismo porque no hemos calculado bien el periodo de semidesintegración de esa última taza de té, de café o del refresco envasado que nos hemos tomado. Saboteamos de esta manera el sueño profundo y restaurador de baja frecuencia, que es el que necesitamos para limpiar la mugre metabólica del cerebro que hemos ido acumulando a lo largo del día. Y nuestras cómodas camas se convierten, sorprendentemente, en el desencadenante que nos va a mantener despiertos en lugar de hacernos conciliar el sueño, problema que se agrava en la medida en que nos esforzamos en intentar dormir sin saber muy bien cómo romper «la excitación condicionada» con la que hemos estado entrenando cerebro y cuerpo.

El sueño no es algo que podamos «hacer» nosotros, sino más bien algo que nos sucede. En general, consiste en dejarnos llevar, en no interponernos y en entrenar el cuerpo para reconocer las señales que nos envía de noche, y también a lo largo del día, y que le están diciendo a nuestro sueño lo que debería hacer y en qué momento. Las decisiones que tomas y que modelan la calidad del sueño no empiezan cuando te acuestas de noche. Empiezan en el mismo momento en que abres los ojos por la mañana.

Muchas personas que tienen problemas para conciliar el sueño no necesitan que nadie les diga lo importante que es dormir bien para la salud; básicamente, porque ya lo saben. Lo que necesitan es que les den un mapa muy sencillo para guiarse durante el día de tal manera que eso les permita prepararse para dormir realmente bien de noche.

El sueño: el pegamento que une tu vida entera

La mayoría nunca nos preguntamos por el mecanismo de funcionamiento del sueño hasta que este deja de funcionar. A mí nunca se me había ocurrido pensar en el sueño (salvo por el hecho de que me habría ido muy bien haber dormido más), hasta que entré en la universidad para estudiar Psicología Clínica y allí aprendí que existen unos factores psicológicos y conductuales, como el estrés y el sueño, que influyen en el sistema inmunológico. Inicialmente, mi trabajo se centró en identificar los factores que predecían la reacción que los humanos presentamos a las vacunas. Las vacunas son determinantes para prevenir enfermedades y, aunque en general son eficaces, no todos alcanzamos el mismo nivel de protección con la misma vacuna. Mi intención era comprender la razón de que ciertos elementos, como son el estado de ánimo, el estrés, el sueño y algunos otros factores añadidos, predijeran la reacción inmune de una persona, en mi caso ante la vacuna de la hepatitis B. Cuanto más a fondo investigaba en la materia, más clara me quedaba una cosa: *la falta de sueño influía en la reacción que las personas mostraban ante la vacuna*. Las que dormían menos no eran tan capaces de crear anticuerpos que las protegieran de la hepatitis B.[1]

A partir de entonces descubrimos que la misma situación se aplica a las personas que se inoculan la vacuna de la gripe.[2] Un día pedimos a unos voluntarios que vinieran al laboratorio para inocularles el virus del resfriado directamente en la nariz, y lo curioso del caso fue que las personas que en general dormían menos de seis horas por la noche eran cuatro veces más proclives a desarrollar un resfriado que las que solían dormir más de siete horas.[3] Todos los voluntarios que habían formado parte del estudio fueron expuestos al mismo nivel al virus causante del resfriado, pero su reacción inmune resultó muy diversa. El sueño era el factor que, de alguna manera, les había conferido un nivel más alto de protección.

Hay muchas cosas tanto en la vida como en la salud que no somos capaces de controlar. Pero el sueño es uno de los ámbitos en los que podemos ver una potente transformación tan solo introduciendo unos cuantos cambios. Resulta que, si nuestro sueño mejora, podemos mejorar muchos otros aspectos de nuestra vida, incluyendo cómo nos sentimos, lo que comemos, cómo aprendemos y cómo reaccionamos con los demás durante el día, cosas que a menudo nos cuesta mucho cambiar por nuestros propios medios. Cuando dormimos mejor nos sentimos mejor, somos más creativos y nos involucramos más en las cosas; tenemos más energía para hacer ejercicio, y tendemos a llenarnos el plato con alimentos saludables, frutas y verduras de distintos colores. Cuando dormimos mejor, la vida mejora, y eso crea las bases que nos permiten gozar de una buena salud y un mayor bienestar. Como un antiguo paciente mío me dijo un día: «Usted me devolvió el sueño, y eso cambió mi vida».

En la actualidad me paso la mayor parte del tiempo en la UCSF dirigiendo un proyecto de investigación clínica destinado a entender mejor la razón de que el sueño sea tan fundamental para la salud. Tengo el privilegio de ejercer como médico en la Clínica del Insomnio de la UCSF, donde ponemos en práctica una terapia cognitivo-conductual para el insomnio (TCCI) que comprende un conjunto de tratamientos validados empíricamente con el fin de promover un sueño restaurador y duradero. He tratado a centenares de personas desesperadas por lograr dormir bien de noche (en este libro relataré algunas de sus historias), y la fascinación que he sentido por el sueño no ha hecho más que aumentar. Me doy cuenta de que el reto y el tratamiento para conciliar el sueño son unipersonales, pero existe una sola línea fundamental que recorre todo mi trabajo. Para la mayoría de los que presentamos conflictos a la hora de conciliar el sueño, la raíz del problema, en general, cabe buscarla en comportamientos y decisiones que cobran sentido a corto plazo, pero que terminan minando el funcionamiento natural del sueño.

Mark es un buen ejemplo de lo que vengo diciendo. A Mark le sobrevino el insomnio en el momento en que le dijeron que su hijo padecía un trastorno de espectro autista. Durante la época terrible en que tanto él como su mujer intentaban hacerse a la idea del diagnóstico que les habían dado y buscaban los tratamientos más adecuados para su hijo, Mark era incapaz de relajar la mente para dormir. Empezó a acostarse más temprano, en un intento de darle una nueva oportunidad al sueño, pero aunque se echara en la cama, se mantenía despierto y no paraba de dar vueltas de un lado a otro. Si había pasado una mala noche, solía quedarse durmiendo hasta muy tarde, o bien hacía una siesta durante el día con la intención de cerrar los ojos al menos un rato. Pero lo único que conseguía era que, al llegar la noche, le costara mucho más quedarse dormido. Todo aquello le trastocó los horarios, y su cuerpo se desorientó hasta tal punto que no sabía cuándo necesitaba descansar o mantener el estado de vigilia. La ansiedad de Mark fue en aumento, porque además de la extremada presión a la que se veía sometido (la preocupación que le causaba su hijo y la apuesta por un tratamiento), el hombre empezó a cronificar su privación del sueño y el estrés de saber que no estaba descansando bien.

Cualquiera que esté preocupado por un examen en el que se la juega, por una relación a punto de terminarse o por un ser querido que padece una enfermedad coincidirá conmigo en que, cuando estás agotado, tu manera de dormir ya no es la misma. Y una persona que se pasa toda la noche levantada cuidando a un bebé, por cumplir con una fecha límite de entrega, por una pesadilla o por un brote de ansiedad, sabe que cuando no dormimos bien, somos más sensibles a las presiones a las que estamos sometidos durante el día. Los problemas más nimios parecen irresolubles. ¿Qué quiero decir con todo esto? El sueño, el estado de ánimo y los niveles de estrés a los que estamos sometidos a diario se influyen mutuamente. Abordar de manera automática una parte de este ciclo contribuye a paliar las demás. Por eso, si nuestro sueño mejora, tenemos la oportunidad de sentirnos mejor y conseguir los recursos necesarios para gestionar las adversidades del día. Y cuanto mejor nos sentimos y mayores son los recursos con los que contamos durante el día, más capaces somos de abandonarnos al sueño.

Ahora bien, no es solo el estrés o la preocupación lo que se interpone en la capacidad de conciliar el sueño. A veces, la calidad del sueño se relaciona con enfermedades físicas o mentales. Una vez, una paciente vino a tratarse a nuestra clínica porque tenía un dolor de espalda crónico que la mantenía despierta prácticamente toda la noche. El dolor le impedía dormir, y como dormía a trompicones y con interrupciones continuas, el dolor empeoraba. Si dormimos poco, el umbral del dolor disminuye.[4] El sueño como tal no puede eliminar el dolor por completo, pero sí puede rebajarlo. Y si descansamos bien logramos que mejoren esos recursos físicos y mentales que tenemos y que nos permiten gestionar bien el dolor, y eso a su vez nos permitirá tener una mayor confianza en nuestra propia capacidad de sanar. Para esta paciente en concreto, disfrutar de un sueño reparador no solo significaba descansar mejor, sino también reforzar la capacidad que tenía su cuerpo de sanar, y darle la suficiente energía y el optimismo necesarios para seguir estando mentalmente sana. Cuando no dormimos, el mundo no solo nos parece peor; es que es peor: Creamos un filtro negativo y disponemos de menos recursos cognitivos y emocionales. Y en esa situación, incluso el más insignificante de los factores estresantes es capaz de meternos en un bucle si vamos faltos de sueño.

El sueño siempre termina siendo el último de la fila en nuestro listado de quehaceres, cuando, en realidad, debería ser el primero. El sueño es un nutriente esencial que todos necesitamos para tener salud, longevidad y vitalidad; y no todos tenemos garantizado el acceso a él.

El acceso al sueño no está distribuido equitativamente

A veces, dormir bien tiene mucho que ver con otras cosas que van más allá de nuestro propio cuerpo, con factores socioeconómicos y otros temas estructurales que dependen del entorno y de la comunidad. Angel era una mujer que tenía dos niños pequeños y que, en su visita preliminar, nos confió que vivía en un barrio peligroso. Hacía poco que había habido un tiroteo cerca de su casa, eventualidad que, por cierto, estaba empezando a dejar de serlo. Angel se quedaba levantada toda la noche para vigilar a sus hijos mientras estos dormían. Su insomnio, surgido de una enorme necesidad y de un inmenso deseo de proteger a sus hijos, se había convertido en una bola de nieve que la había dejado sumida en un estado de vigilancia crónico y extremo. Su programa de tratamiento consistió en disminuir la reacción de hiperexcitación que se le desencadenaba ante la amenaza para ser capaz de gestionar bien los beneficios que otorga un sueño reparador.

Sabemos en la actualidad que el sueño reparador que precisamos no está distribuido equitativamente entre las poblaciones, sino que hay claras desigualdades. Por ejemplo, en promedio, los afroamericanos y los individuos con una renta económica baja refieren que duermen menos y que su sueño es de peor calidad que otras personas pertenecientes a demografías raciales y a grupos socioeconómicos de mayor nivel.[5] Gran parte de mi trabajo consiste en intentar entender los procesos y los determinantes sociales que contribuyen a crear tantas desigualdades en la población. Aunque raras veces se contempla desde este punto de vista, el sueño es un tema de justicia social vital. Todos tenemos derecho a disfrutar de un buen descanso nocturno.

A pesar de que es necesario realizar cambios sociales y políticos que influyan en las disparidades existentes en el ámbito de la salud, para muchos de nosotros la capacidad de dormir bien es personal y reside en nuestro interior. Por muchas y muy arduas batallas que hayas podido librar con el sueño, quiero darte una muy buena noticia: *estás diseñado para dormir*. Debajo de todos los condicionantes que te predisponen contra el sueño y con los que probablemente estés librando tu personal batalla, piensa que tu cuerpo sabe hacerlo. En este libro intentaremos despejar todos esos obstáculos para que tu cuerpo recuerde cómo hacerlo, y para que tú seas capaz de volver a disfrutar de la noción de que sabes dominar el arte del «buen dormir».

Este libro no reemplaza a ningún tratamiento médico ni hace las veces de un programa de sanidad pública (al final del libro te proporciono una información adicional que puede servirte para determinar si vale la pena que hables con tu médico, y también haré hincapié en las distintas opciones de tratamiento que existen y los pasos que hay que seguir para ponerlas en práctica). Lo que sí hace este libro es seguir la premisa innovadora por la que se rigen nuestra clínica del insomnio y muchas otras que hay abiertas por todo el mundo: dormir bien consiste en saber gobernar lo que el cuerpo ya sabe, en liberarnos de las conductas que influyen negativamente en el sueño y reforzar los comportamientos que nos hacen recuperar su ritmo natural.

Sé científico y especialízate en tu sueño: verás el secreto que se oculta tras el tuyo

Dormir es algo universal, pero también es individual. Existen unos elementos básicos del sueño que se cumplen en todos nosotros, y que por supuesto revisaremos en este libro. Sin embargo, no existe un modelo único y universal que funcione para todos. La clave consiste en conocer cuáles son los parámetros específicos que rigen los ejercicios fundamentales que iremos haciendo día a día y que mejor funcionan para ti.

Muchos sufrimos lo indecible intentando adoptar un patrón de sueño que al final no funciona. Alineamos nuestros hábitos del sueño con los de los demás, o con las exigencias del trabajo. No prestamos atención a las señales y los ritmos únicos y naturales que nos marca el sueño (o ni siquiera las percibimos). Hay quien tiene unas expectativas muy poco realistas sobre lo que significa dormir bien, porque se centra en esa noche singular y espectacular que no puede dejar de recordar. Esa noche en la que cayó frito en la cama y a la mañana siguiente se despertó en la misma postura en que se había acostado sintiéndose de maravilla. Esa noche fue excepcional, desde luego, pero no hay duda alguna de que ese no es el rasero con el que debemos evaluar nuestras futuras noches de descanso.

Todos necesitamos alimentos y oxígeno, pero eso no significa que debamos comer y respirar de igual manera. Yo no voy a decirte a qué hora te has de ir a la cama, o a qué hora te has de despertar, ni siquiera la cantidad exacta de horas que deberías dormir (aunque sí te daré algún que otro consejo basado en lo que le resulta más conveniente a la media). Te ayudaré a que sepas encontrar tus ritmos naturales y a que eches mano de ellos para dormir mejor.

Tu misión para esta semana, si eliges aceptar la propuesta que te hago, es convertirte en un científico y tratar el problema que te está causando la falta de sueño. La información que contiene este libro puede aplicarse a grandes rasgos a un gran número de personas, porque describe las herramientas más básicas y esenciales con que todos deberíamos contar para poder conciliar el sueño. Sin embargo, y refiriéndonos al sueño, los desafíos pueden llegar a ser muy diversos. Esa es la razón de que las personas que buscan una solución para poder conciliar el sueño terminen recibiendo un tratamiento personalizado. Digamos que una de las primeras cosas que abordaremos en este libro será la conveniencia de llevar un diario sobre el sueño, herramienta sencilla con la que conocer tus patrones nocturnos durante siete días para que, de esta manera, seamos capaces de encontrar soluciones basándonos en los datos que nos hayas proporcionado.

Algunas de las técnicas que probaremos esta semana podrían encajar mejor con tu manera de ser, pero otras (al menos al principio) quizá te resulten más vacuas. Es de esperar. Ahora bien, date cuenta también de que, como sucede con la mayoría de los cambios, algunas de las ventajas que estos nos proporcionan no aparecen de la noche a la mañana, y quizá se requiera un poco de práctica antes de llegar a dominarlas. Cada ejercicio aislado que hagas es como si dieras un paso adelante para intentar dormir mejor; sin embargo, lo mejor es que los hagas todos. A mí me gusta pensar que es como una especie de receta para dormir. Tienes cierto espacio para maniobrar, pero si olvidas uno de los ingredientes esenciales, probablemente no alcanzarás el resultado deseado. Tal como pasa en la pastelería, la química funciona mejor cuando te ciñes a la receta e incluyes todos los ingredientes que esta especifica. Si te decides a probar con estas estrategias y llevas un registro de los resultados obtenidos en tu diario dedicado al sueño, irás viendo progresivamente lo que a ti te va mejor. Y sacarás más provecho cuanto más inviertas en ello. Puedes actuar como un comprador, o bien puedes actuar como un colaborador. Por mi parte, yo espero fervientemente que elijas esta última alternativa.

Dormir es un medicamento asombroso. Es tan potente que sirve para combatir todas y cada una de las enfermedades que se ciernen sobre nosotros. Estoy seguro de que ya sabes que dormir es bueno, y que si dormimos bien nos sentimos mejor. Pues bien, la ciencia nos demuestra que eso es cierto. Dormir bien nos permite potenciar el sistema inmunitario.[6] Regula el metabolismo.[7] Nos hace sentir más contentos, ser mejores con nuestra pareja y actuar con más empatía; y cuando uno es padre o madre, nos reviste de paciencia.[8] Una persona que duerme bien es capaz de ser más productiva y creativa en el trabajo, y de potenciar su energía para incluir esa tabla de ejercicios adicional (o esa primera tabla) a la semana.[9] El descanso nocturno agudiza la mente y, de hecho, puede llegar a eliminar del cerebro las toxinas que se han ido acumulando con el tiempo, incluyendo todas las que consideramos que desempeñan un determinado papel en las enfermedades degenerativas (a veces llamo a dormir bien «el lavaplatos del cerebro»).[10] Ahora bien, tal como le sucede a un lavavajillas, hay que esperar a que el ciclo termine. Y, como ya he señalado anteriormente, el reloj más capaz de regular el sueño suele ser uno mismo (las conductas que observamos durante el día y las creencias erróneas que tenemos sobre cuál es la mejor manera de dormir es lo que se interpone en el camino del proceso restaurador y natural que nuestros cuerpos desean febrilmente poner en práctica).

Como colofón, te diré que dormir es natural, pero que no siempre es fácil de conseguir. Como ser humano, estás diseñado biológicamente para dormir. *Pero los obstáculos son reales.* Las distracciones digitales, el estrés, los entornos en los que vivimos y dormimos, e incluso otros temas de orden más general y sistémico, como pueden ser la raza y la clase social a la que pertenecemos, ejercen presión en nuestra biología..., y todo eso se infiltra en el sueño. Muchos de nosotros nos hemos impregnado de una cultura que resta importancia al hecho de dormir. ¿Has oído alguna vez la expresión «ya dormiré cuando me haya muerto»? Todos tenemos responsabilidades, perseguimos grandes objetivos y vivimos con una presión enorme. Si estás en este planeta es por algo. Pero no vas a poder hacer nada de lo que quieres si no eres capaz de dormir bien en realidad.

Cada uno de nosotros tiene planteados unos desafíos únicos. Quizá el tuyo sea descubrir el modo de priorizar el sueño cuando el resto de tu vida invada sus límites. También es posible que, aunque lo consideres prioritario, sigas esforzándote por conseguir dormir bien. Quizá no estés durmiendo del todo mal y seas uno de esos optimizadores que existen, un pirata que quiere maximizar la recuperación que necesita a diario. Sea cual sea tu caso, me dirijo a todos, por lo que este libro está pensado también para ti. No importa el punto de partida que elijas, porque las estrategias que te propongo en estas páginas, y que iremos desplegando a lo largo de la próxima semana, son unas herramientas probadas y demostradas, unos recursos que sabemos que sirven para mejorar la calidad del sueño y, por consiguiente, para mejorar tu bienestar y alegría.

Durante los siete próximos días abordaremos un pequeño hábito al día. Verás que con cada cambio de hábito que realices se irán despejando los obstáculos más comunes que te impiden dormir y, en su lugar, forjarás unas asociaciones sólidas con determinadas señales que te inducirán a dormir, únicas en cada caso, pero que te servirán para acostarte y dejar que el sueño obre su magia. Lo que te enseñará este libro es la manera de no interponerte en tu propio camino, y que tu cuerpo pueda hacer aquello para lo que está diseñado: *dormir*.

ANTES DE EMPEZAR

¿Conoces ya los puntos más básicos?

Como vamos a trabajar juntos esta semana, daré por sentado que ya conoces los supuestos más básicos sobre lo que representa la higiene del sueño. Si tienes este libro delante, probablemente ya has probado todos esos consejos elementales que circulan por ahí. En este libro no nos demoraremos mucho en cuestiones como que has de dormir en una habitación a oscuras y dejar el móvil en otra parte distinta de la casa. No; lo que haremos será ahondar un poco más y tocar esos puntos de presión que influyen en nuestro sueño y se encuentran inmersos en nuestra biología y en nuestra vida, y hablaremos de la manera en que hay que abordarlos para que la conciliación del sueño avance en la dirección correcta.

Dicho lo cual, has de saber que se habla mucho de la higiene del sueño por una razón fundamental: porque es importante. Puedes hacer todo lo que te propongo durante siete días y, aun así, seguir saboteándote a ti mismo porque no lo has puesto en práctica a nivel introspectivo. Es decir, si ya eres un especialista en higiene del sueño, esta lista podría servirte para refrescar y corroborar tus propias ideas con el fin de conocer algún que otro ejercicio más que se te pueda haber escapado (porque eso pasa) para fomentar tu sueño; si, en cambio, la idea de la higiene del sueño es nueva para ti, este libro va a ser como un curso intensivo, a imitación del Sleep 101, que logrará que comiences tu andadura con buen pie.

LISTA BÁSICA PARA EL BUEN DORMIR

- **¿Tu habitación está a oscuras?** Las luces, incluida la luz de espectro azulado que emiten la tableta, las pantallas de los ordenadores, los televisores y los teléfonos, pueden interrumpir la producción de unas importantes sustancias químicas inductoras del sueño que tenemos en el cerebro. La solución es que uses unas cortinas que cierren el paso a la luz o te pongas uno de esos antifaces tan cómodos que están a la venta. Limita tu exposición a las pantallas unas horas antes de acostarte (desarrollaré con más detalle el tema en otro apartado de este libro), o prueba a activar el filtro de luz azul del aparato para disminuir tu grado de exposición.
- **¿Tu habitación está aireada?** Una de las cosas que debemos procurar para conciliar bien el sueño es que nuestra

temperatura corporal basal disminuya. Es fundamental para que nos durmamos. Si es posible, baja el termostato un poco en la zona de los dormitorios. El punto óptimo de la temperatura ambiental parece ser de unos 18,3 grados centígrados de media, aunque tienes bastante margen para actuar en función de cuáles sean tus preferencias (la zona óptima estaría entre los quince y los diecinueve grados centígrados). La solución es que bajes la calefacción (o que enciendas el aire acondicionado) y añadas una manta más a tu ropa de cama. Lo que buscas es estar a oscuras y bien fresquito.

- **¿Tu dormitorio está despejado y libre de distracciones?** Elimina todo el material de trabajo que hayas ido acumulando y esos objetos que puedan causarte ansiedad o la sensación de «tengo que terminar esa tarea». Ojos que no ven, corazón que no siente. La solución es que dejes el ordenador portátil en otra parte, que guardes todo el papeleo relacionado con el trabajo y metas ese montón de colada que no has podido doblar dentro del armario. Cuando te sientes en la cama y mires alrededor, deberías notar una sensación de calma en lugar de sentirte activado. En la vida vamos acumulando cosas: intenta meterlas en otra habitación si puedes.
- **¿Llevas el teléfono pegado en la mano?** Nada más lejos de mi intención que criticar lo que estás haciendo, porque puedo confesarte aquí y ahora que yo siempre llevo el mío en la mano. Pero sí es cierto que intento seguir los consejos

que me dan mis colegas especializados en terapia del sueño y que no me duermo agarrado literalmente al móvil. Ya hablaremos largo y tendido sobre los móviles, la luz azul y el momento en que deberías tener en cuenta que todos estos artilugios perturban tu descanso, pero por ahora, baste con saber que, de noche, tener el teléfono pegadito a la cabeza en general no es la mejor opción para irse a dormir, sobre todo si te cuesta conciliar el sueño. La solución es que dejes el teléfono en otra habitación cuando te vayas a la cama. O bien, si eso no es posible (hay quien no tiene otra manera de poner la alarma, por ejemplo), enchúfalo en el extremo más alejado de tu dormitorio, en el pasillo o en el baño que tengas más cerca, pero procura que no esté en el mismo espacio en el que duermes.

- **¿Conoces algún dato sobre tu sueño?** Muchos de nosotros recurrimos a accesorios portátiles y a aplicaciones que se dedican a tomar las constantes de nuestro sueño. Yo me dedico a estudiar el sueño para ganarme la vida; por eso, créeme si te digo que tengo un armario lleno de aparatitos diseñados para hacer el seguimiento de todos los aspectos que puedan relacionarse con dormir. Estoy refiriéndome a unas herramientas muy eficaces que aportan mucha luz sobre la conducta nocturna, pero que también pueden convertirse de la noche a la mañana en una fuente de angustia. A menudo visito a algún paciente que se siente consternado porque su dispositivo de pulsera, el oráculo por antonomasia del sueño, ha registrado un cero por ciento de sueño profundo durante esa noche. Es poco probable que el artilugio en cuestión sea tan preciso como promete, pero lo cierto es que la inquietud que causa es real al cien por cien. Hace un par de años, unos investigadores del sueño acuñaron la expresión *ortosomnia* para referirse a una clase muy especial de insomnio causada por los artilugios que se encargan de medir el sueño.[1] La solución es que, durante esta semana, mientras estés trabajando con este libro (y, por lo que a mí concierne, durante el resto de tu vida), no te calientes demasiado la cabeza con los datos sobre el sueño que puedan aportarte estos mecanismos, si es que los estás usando. Haz todo lo contrario y, si me permites el consejo, vuelve a retomar esa vieja costumbre de escribir en un diario los datos concernientes a tu sueño para ser capaz de ver por ti mismo los patrones que se derivan. La tecnología ha recorrido un largo camino en lo concerniente a las mediciones del sueño, y el futuro que se augura es muy prometedor. Pero esta semana intentemos retomar el diario de toda la vida para registrar los datos del sueño.

Empieza a escribir tu diario del sueño... desde hoy mismo

Si decidieras venir a mi clínica del sueño, es lo primero que te diría que has de hacer. De hecho, haríamos eso incluso antes de ponernos a trabajar en tu sueño. Los datos que aportan los diarios del sueño son extraordinariamente valiosos; son la manera que tenemos de dilucidar cómo efectuar una intervención que esté hecha a la medida del paciente para ayudarlo de la mejor manera posible. Los pacientes llegan a la clínica, hablamos de los problemas que tienen y luego los enviamos de vuelta a casa con un diario del sueño y unas instrucciones que seguir, no sin antes haberles pedido que regresen al cabo de una semana.

El programa de este libro ya está un poco comprimido, y por eso no puedo explayarme demasiado y hacerte un plan a medida. Ahora bien, eso es exactamente lo que voy a pedirte que hagas tú los próximos siete días de esta semana: diseñarte un plan para poder conciliar el sueño a tu medida. Cada día te propondré una intervención demostrada y validada que, francamente, es el material que proporcionamos a todos los que vienen a visitarnos. Y, mientras tanto, te pediré que sigas escribiendo en tu diario cada día. Al final de la semana analizaremos tus datos y miraremos con lupa la metodología del sueño que más te convenga para que puedas adaptarla a tu propia medida.

No confíes en los accesorios portátiles de momento. Quiero que lleves un diario escrito a mano para hablar de la calidad de tu sueño, aun cuando efectivamente utilices algún mecanismo para registrar tu sueño. Cuando confiamos en los instrumentos y en las aplicaciones, en general, perdemos la oportunidad de tener una visión más generalizada del asunto; cuando eres tú quien está registrando los datos en lugar de un artilugio de inteligencia artificial, puedes ver unos patrones de comportamiento que, de otra manera, se perderían o quedarían ocultos a nuestros ojos. Y el proceso de llevar un diario del sueño, en sí mismo y por sí mismo, puede ser muy terapéutico. Los diarios del sueño son precisamente una de las intervenciones mejor documentadas de las que disponemos. Por eso vamos a estrenar el tuyo en cuanto empieces el día 1. Si hojeas el final de este libro, encontrarás un apartado con varias fichas en blanco para que escribas en ellas tu propio diario del sueño. Si te apetece, escribe directamente en este libro, pero yo te recomiendo que hagas varias fotocopias de la plantilla en blanco antes de empezar a rellenarla para que así puedas seguir haciendo este ejercicio una vez que hayan concluido los siete días que dura el programa. Quiero que uses esta plantilla. Te lo digo de verdad, porque, como al final de la semana haremos unos cálculos con los que poder evaluar los datos que has ido recopilando sobre la calidad de tu sueño, nos resultará más fácil hacerlo en el formato que te ofrezco.

Empieza el diario inmediatamente, si te parece bien..., o después de que haya concluido la primera jornada de la semana que pasarás trabajando como un científico del sueño.

DÍA 1

PON EL DESPERTADOR (INTERNO)

Comparemos a los seres humanos con algunos de los compañeros que tenemos en el planeta Tierra. Las jirafas duermen menos de cinco horas a lo largo de las veinticuatro que dura una jornada entera, mientras que los leones pasan, nada más y nada menos, que entre dieciséis y veinte horas descansando o durmiendo en el mismo plazo de tiempo. El albatros, un ave enorme que más bien parece un aeroplano, porque es capaz de volar dieciséis mil kilómetros de un tirón, es capaz de alcanzar la fase REM del sueño mientras se encuentra *suspendido en el aire.* ¿Y qué me dices de los hipopótamos? Duermen bajo el agua, y emergen inconscientemente a la superficie para respirar mientras siguen durmiendo. Incluso las flores tienen un reloj interno, codificado en sus células, que les dice cuándo es el momento de abrirse y cerrarse. Por cada clase de organismo que encontramos disperso en este mundo, existe una categoría de ritmo de sueño.

Los seres humanos somos bastante aburridos en lo que

respecta al sueño: la mayoría de los adultos necesitamos un mínimo de siete horas de sueño nocturno,[1] y ni siquiera somos capaces de nadar mientras dormimos. Incluso es posible que dormir nos cueste mucho más que a los hipopótamos y a las flores. ¿Hay alguna razón importante que pueda darnos una explicación de este fenómeno? Sí: nuestros ciclos naturales del sueño están descontrolados.

En el pasado, los ciclos del sueño humano se enraizaban mejor con el mundo natural (nos despertábamos con la luz matutina y nos relajábamos hasta caernos de sueño cuando el sol se ponía). Luego descubrimos el fuego, y a partir de ahí todo fue cuesta abajo. En la actualidad disponemos de electricidad. Vivimos con la tecnología muy presente. Y nuestros horarios no se rigen tanto por el mundo natural como por este otro nuevo mundo digital que hemos creado. Hay que contestar los correos electrónicos, ver series en Netflix e ir en busca de todo lo que nos apasiona. Ya no somos esos cazadores recolectores que se despertaban y se dormían al ritmo que les marcaba el sol, sino que tenemos unos trabajos que nos obligan a levantarnos muy temprano por la mañana y a estar despiertos hasta muy tarde. Vivimos bañados de una luz artificial que nos está iluminando constantemente, sea a través de las bombillas, los teléfonos o las pantallas de ordenador, muchas horas después de que nuestros ancestros estuvieran profundamente dormidos siguiendo sus propios ciclos del sueño. Si nos dejáramos gobernar por nuestros ritmos biológicos, quizá dormirnos y despertarnos sería tan poco problemático para nosotros como lo es para una flor.

¿Acaso la respuesta es prescindir de la red eléctrica, vivir en el bosque y dormir y despertarnos con el sol, como hacían antaño nuestros antepasados? ¡Quién sabe! Un estudio muy creativo realizado en el marco de una investigación demostró que un 69 % de los voluntarios que habían estado acampando en los bosques de Colorado durante un fin de semana sin poder usar luz artificial de noche (sin recurrir a las linternas de mano o de cabeza) mostraban que habían sufrido algún tipo de cambio en el ritmo biológico que define el dormir y el despertar, comparados con los que se habían quedado en casa.[2] Ahora bien, creo que presupongo acertadamente cuando afirmo que la mayoría (incluso los individuos que presentan muchos problemas para dormir) no está muy dispuesta a cortar todo lazo con el mundo civilizado para solucionar el conflicto que le representa dormir bien. Tenemos que buscar la manera (en este mundo eléctrico y digital que dura veinticuatro horas, que está tan interconectado y que va a un ritmo tan rápido) de estabilizarnos y de volver a sincronizar con todo aquello que nos estimula para dormir bien, y así poder conquistar ese sueño profundamente restaurador que seguimos necesitando como seres humanos que somos.

Por esa misma razón, lo primero que haremos por la mañana es ocuparnos del proyecto de arreglar los problemas que tienes para dormir. Las personas a las que les cuesta dormir prestan mucha atención a todo lo que les sucede cuando llega la hora de acostarse. Pero utilizar alguna que otra trampa para conciliar el sueño no es algo que deba hacerse a la hora de acostarse, o una hora antes, o cada vez que se inician los preparativos para pasar una buena noche. Empieza en el mismo instante en que te despiertas.

¿Cuándo te despiertas?

¿A las cinco de la mañana? ¿A las siete? ¿A mediodía?

Si estás esperando que te dé una respuesta en plan «a quien madruga, Dios le ayuda», ya puedes esperar sentado, porque no es eso lo que voy a decirte. En mi caso, visito a muchas personas a lo largo del día en nuestra clínica del sueño de la UCSF esbozando soluciones individualizadas para tratarles el insomnio y los problemas que se les puedan presentar a la hora de dormir. Muy raras veces le he dicho a alguien que debería levantarse temprano o a una hora determinada. A mí no me importa la hora a la que te levantes. Lo único que me interesa es que te levantes a *la misma hora cada día*.

Mi hijo pequeño tiene cinco años, y si comento este dato es para dejar muy claro que tengo un despertador natural que nunca para, y que está tan metido en mi vida que ni siquiera esos fines de semana en los que a uno no le apetecería hacer nada podría volver a conciliar el sueño, aunque lo intentara. Ahora bien, aunque no tuviera a este pequeñín que aparece junto a mi cama a las seis en punto de la mañana pidiéndome tortitas y con muchas ganas de hablar de... (y aquí dejo espacio para que escribas el nombre del superhéroe de Marvel que más te plazca), yo ya habría dejado de intentar alargar el sueño los fines de semana. Tal como lo oyes. Esos aletargados domingos de lujo de los que tanto disfrutaba cuando todavía no me había convertido en padre han quedado en el olvido, y eso es gracias a los datos de los que dispongo.

Si eres como la mayoría (y como era yo mismo antes de que la ciencia de dormir bien se convirtiera en mi profesión), doy casi por seguro que te pasas la semana laboral escaso de sueño, y que luego intentas recuperar, por así decirlo, el tiempo perdido durante el fin de semana (o cuando sea que libres), procurando arañar un par de horas más al sueño. Esta deuda que tenemos con el sueño, y que va aumentando a medida que transcurre la semana, se llama *jet lag social.* Los adolescentes representan un ejemplo bien palpable. Todavía no hay adolescentes en casa (a Dios gracias), pero recuerdo muy bien cuando yo lo era. Además de los cambios de humor que tenía y de la ansiedad que me provocaban, recuerdo que dormía muchísimo. Los adolescentes a menudo experimentan un cambio en el ritmo del sueño que llamamos *fase del sueño retardado*, por el que aumenta la preferencia biológica que tienen de acostarse más tarde por la noche y despertarse bien entrada la mañana. Por si fuera poco, las escuelas empiezan temprano (mucho más temprano de la hora en que los adolescentes desearían despertarse), y eso les hace contraer una *deuda de sueño* durante toda la semana que se va agravando hasta que, al llegar el fin de semana, pretenden saldarla. Recuperar el sueño en este sentido de la palabra parece lo más lógico. Es como decirte a ti mismo: «Si tienes sed, bebe». Pues si estás cansado, dale al cuerpo lo que parece que está necesitando: dormir. Por desgracia, a todas esas personas a las que les cuesta conciliar el sueño, les suele salir el tiro por la culata cuando adoptan esta estrategia. No solo no les funciona, sino que además les puede salir muy cara la experiencia.

A tu cuerpo le encanta anticiparse a tus actividades o necesidades. Produce insulina para anticiparse a las comidas y melatonina para anticiparse al sueño. Sabe hacer todas esas cosas gracias a las pautas que le muestras con tu rutina y en función de tu entorno, unas pautas que empiezan en el momento mismo en que abres los ojos y que se van acumulando a lo largo del día. Si llevas una rutina errática, tu cuerpo se confunde y no sabe lo que debe hacer ni la manera en que debería utilizar sus propios recursos. Y no estoy diciendo que debas convertirte en una especie de robot que hace cada día lo mismo, come lo mismo, etcétera. Sin embargo, encontrar una hora que sea la más apropiada para despertarse es lo primerísimo que les hago hacer a los pacientes que vienen en busca de tratamiento a la clínica del sueño en la que trabajo. Y eso es debido a que este es el mejor regulador del que disponemos para controlar los dos procesos naturales e internos que tenemos para provocarnos el sueño.

¿Qué es lo que nos hace dormir?

Cuentas con dos impulsores fundamentales del sueño: el *impulso homeostático del sueño* y el *ritmo circadiano*. Estos dos procesos naturales e internos de tu cuerpo trabajan en armonía (aunque son independientes) para mantenerte despierto cuando tienes que estarlo, y para que te duermas cuando has de dormir. También han de estar en sincronía para que disfrutes de un buen sueño. Cuando se desregulan, empiezas a tener problemas.

El impulso homeostático del sueño es esencialmente la presión para dormir que se va ejerciendo mientras uno está despierto. Imagínate un globo. Cuando abres los ojos por la mañana está plano, vacío. A medida que va pasando el día, empieza a hincharse gradualmente con tu sueño. Cuando alcanza una cantidad de sueño óptima (imagínate un globo perfectamente hinchado), sientes la necesidad de irte a dormir. Te pesan los párpados, te metes en la cama y te rindes al sueño. Cuando haces la siesta, básicamente lo que haces es dejar escapar un poco de aire del globo, o sacarte de encima un poco de la presión que ejerce el sueño en ti.

¿Qué es lo que provoca un aumento de la presión del sueño? Bien, francamente te diré que no estamos demasiado seguros (por mucho que hayamos conseguido esbozar un mapa del cerebro humano mientras la persona está dormida, hay muchas cosas que todavía desconocemos del sueño, a pesar de que sea uno de los procesos biológicos más básicos y esenciales de la experiencia humana). Ahora bien, una de las principales hipótesis que vienen barajándose es que el impulso del sueño se encuentra muy ligado a la formación de unos determinados componentes neuroquímicos, derivados de la actividad cerebral. Uno de los factores neuroquímicos que creemos que es responsable del sueño es la *adenosina*. Si has estudiado ciencias, es probable que te acuerdes del adenosín trifosfato o trifosfato de adenosina (TFA), la fuente de energía de la que beben todas las células vivas de nuestro cuerpo. Mientras estás despierto, el cerebro va fabricando adenosina. Mientras duermes, esos productos neuroquímicos se pierden. La cafeína, una de las maneras más habituales que tenemos de mantenernos despiertos a pesar de que nuestro globo lleno de sueño no pare de hincharse, funciona bien porque declara una guerra de tintes bioquímicos a la adenosina que albergamos en el cerebro. Básicamente se establece un combate entre las dos moléculas en el cerebro mismo, y la cafeína bloquea la ingesta de adenosina que precisan los receptores cerebrales. El proceso funciona de maravilla durante un tiempo, pero cuando ya no surte efecto, puedes sentir un agotamiento repentino, porque la presión del sueño se restablece enseguida.

Lo más importante que hay que saber es que uno se despierta, el globo empieza a hincharse y, cuando la presión del sueño alcanza su nivel óptimo, el cuerpo tiene ganas de dormir. Ahora bien, el impulso homeostático del sueño no es lo único que regula el ciclo del sueño. Si así fuera, podrías ir echando cabezaditas a lo largo del día y de la noche cada vez que sintieras que el globo está hinchado, aunque eso te sucediera en plena reunión o conduciendo tu automóvil. Y todo esto nos lleva al *ritmo circadiano.*

El ritmo circadiano básicamente es el reloj por antonomasia que gobierna el ritmo de todos tus procesos corporales (incluidos el sueño y la vigilia). Todas las células del cuerpo, todos los órganos, incluido el cerebro, tienen su propio ritmo. Hay un flujo y un reflujo de procesos y actividades cuya duración es de veinticuatro horas. Ese reloj por antonomasia que lo controla todo se encuentra situado en lo más profundo de una zona de nuestro cerebro llamada *núcleo supraquiasmático* (NSQ), que se encuentra localizado en el hipotálamo, una zona del cerebro pequeña pero determinante, porque lo controla todo, desde la liberación de hormonas hasta la sed, la temperatura corporal y más procesos todavía. También determina el ritmo de alerta que presentas durante el día. En general, nuestro estado de alerta tiende a hacer un pico por la mañana, a decaer por la tarde, a remontar ligeramente luego y a irse desvaneciendo durante el anochecer hasta que nos entran ganas de ir a dormir.

¿Cómo nos regula este reloj por antonomasia? Básicamente, lo hace de dos maneras distintas.

La primera es interna: los ritmos del reloj por antonomasia que te regula vienen modelados por tus genes y las proteínas que fabrican. Y eso es algo sobre lo que, francamente, careces de control. Lo llevas escrito en tu ADN. Como muchos otros de tus rasgos específicos (el color del pelo, la preferencia por lo dulce antes que por lo salado, ser o no ser capaz de enrollar la lengua), heredaste tu tendencia circadiana de tus padres y antepasados. Quizá ya conozcas tu tendencia natural, y si eres más de mañanas o de noches. Y, sin duda alguna, seguro que puedes forzar esta preferencia circadiana que te viene dada en función de tu genética, pero piensa que hay personas para las cuales esta situación representa todo un reto. Quizá eres de esas personas a las que les cuesta mucho quedarse despiertas hasta tarde; o quizá eres de esas otras que han conseguido cambiar la hora en que se despiertan y madrugan más debido a su horario de trabajo, o sencillamente porque quieren aprovechar el día, pero lo que en realidad les sucede es que permanecen lentas y soñolientas durante unas horas, como si estuvieran luchando a brazo partido contra el horario preprogramado de su cuerpo. Y eso sucede porque es así: estamos preprogramados (no pretendo desanimarte, ni quiero decir con esto que la batalla esté perdida; solo quiero destacar que no le pasa nada malo a tu cuerpo porque te cueste cambiar las horas de acostarte o despertarte).

La segunda categoría de factores que influyen en tu ritmo circadiano es externa. Los sistemas de estimulación del cerebro recogen continuamente información del entorno. *La oscuridad es el gran desencadenante de la somnolencia.* En primer lugar, los fotorreceptores de la retina perciben la luz o la ausencia de ella. Esa información va recorriendo los caminos neuronales del cerebro hasta alcanzar el hipotálamo, el centro de control del sistema nervioso, del tamaño de una nuez, que percibe cuándo se acaba el día y entonces activa la glándula pineal, para que esta empiece a liberar melatonina, la hormona inductora del sueño que encontramos en forma de pastillas y jarabes que dispensan todas las farmacias y parafarmacias para ayudar a que los que tienen problemas para dormir pasen una noche de maravilla. Y al revés también funciona: cuando te ves expuesto a la luz diurna (sobre todo a la luz directa del sol), ocurre todo lo contrario: dejamos de liberar melatonina.

Las señales externas que influyen en el ritmo circadiano no se limitan a la luz diurna, aunque esta sea una señal de peso. Hay muchísimos otros puntos de referencia a lo largo de la jornada que transmiten señales inconscientes, aunque muy potentes, al cerebro sobre el punto en concreto en el que te encuentras dentro de tu ciclo de veinticuatro horas, y eso permite a tu cuerpo optimizarse y prepararse para lo que tiene que venir, en un proceso que llamamos *de arrastre*. Llamamos a estas potentes señales del entorno *zeitgebers*, que en alemán significa «temporizadores». Este término se refiere a todo aquello que se encuentra en el entorno o en la rutina de un organismo vivo y que tiene la capacidad de cambiar su reloj-cronómetro interno: en otras palabras, su ritmo circadiano. Estos *zeitgebers* tienen un gran poder sobre nosotros. Son la luz diurna, o el declive de esta, el momento de comer, de hacer ejercicio, la temperatura, e incluso nuestras interacciones sociales. Estos elementos del entorno o de nuestra rutina personal se convierten en algo a lo que el cuerpo no solo reacciona, sino que además sabe anticipar. Y si lo hace es para optimizar su funcionamiento, para maximizar tu eficacia biológica.

A causa de estos *zeitgebers*, tu cuerpo genera cortisol anticipándose al momento en que vas a despertarte (incluso antes de que el despertador suene). De esta manera, cuando, en efecto, suena el despertador, tu energía ya va al alza; estás preparado para despertarte. El cuerpo generará insulina para anticiparse a la glucosa que va a inundar tu organismo durante el desayuno, incluso antes de que estés sentado sosteniendo el cuchillo y el tenedor con las manos. Antes de que empieces a masticar y a tragarte la comida, tus sistemas metabólicos ya están preparados para procesar todo eso y convertirlo en energía y en nutrientes. Y, como reacción a la luz que se desvanece y al descenso de temperatura que se da al anochecer, junto con otras señales incluidas en tu rutina vespertina, el cuerpo empezará a liberar melatonina antes de que te acuestes para que tu organismo se vaya preparando y sea capaz de dejarse llevar por el sueño.

En resumidas cuentas, nuestros ritmos circadianos son el resultado de una combinación de factores. Por un lado, están genéticamente predeterminados; por otro, están modelados por nuestro entorno inmediato y por el mundo natural, pero es que, además, también están parcialmente regulados por ciertos factores incluidos en nuestra rutina diaria. La enorme variación que observamos en los ritmos circadianos de los seres humanos es interesante (no sabemos exactamente por qué las personas presentan variaciones genéticas respecto a los ritmos circadianos, pero sin duda alguna podemos hacer alguna que otra conjetura sobre la razón de que hayamos evolucionado hasta tener distintas preferencias en lo que se refiere al estado de vigilia, que quizá tienen que ver con la geografía, el clima o la vigilancia y la seguridad. Además, quizá existan otras razones que no estén relacionadas directamente con el sueño y que expliquen la variación de los ritmos circadianos: los relojes circadianos desempeñan un papel determinado en muchos procesos, incluido el metabolismo, que ya he mencionado anteriormente, pero también en el sistema inmunitario. Una de las cosas que los científicos especializados en el sueño y en los ritmos circadianos están muy interesados en descubrir es la manera de poder gobernar los ritmos circadianos para que estos influyan positivamente en el sistema inmunitario. Por ejemplo, dado que el metabolismo está enganchado al reloj circadiano, sospechamos que algunas personas quizá respondan mejor que otras a la medicación que se les suministra en función de la fase circadiana en que se la tomen. Existe todo un campo de investigación en torno a este tema: *la cronomedicina*. Si somos capaces de entender mejor el ritmo circadiano de cada individuo, incluido en sus células y en sus órganos, para ser exactos, quizá seamos capaces de tratar a los pacientes de una manera más personalizada.[3]

Tu ritmo circadiano es un proceso biológico fundacional que se despliega en tu interior en los niveles químico y celular, y que influye mucho en tu capacidad para dormir bien, en tu salud y en cómo experimentas en general la vida.

¿Crees que todo eso está bajo tu control? ¿Crees que tienes que vivir cargando con todo eso?

¿Podemos resetear nuestros ritmos circadianos?

Un hombre al que llamaremos Ben apareció un día por la clínica sin cita previa. Había visto un vídeo muy divertido que yo había filmado no hacía mucho para la revista *Wired*, dentro de una serie de filmaciones en las que varios especialistas procedentes de diversos campos explican su trabajo a personas de toda condición y cultura. En el vídeo, yo empezaba explicando lo que es el sueño a un niño muy listo de ocho años, y terminaba mostrando el esfuerzo que me costaba ponerme a la altura de un neurocientífico de gran experiencia. Ben encontró mi vídeo un día que buscaba desesperadamente una solución para su problema de insomnio. Me contó que tenía un ciclo natural de sueño muy peculiar, porque se pasaba toda la noche despierto y, luego, durante el día, se sentía soñoliento, como si fuera un ave nocturna. Llevaba años viviendo de esa manera. Había intentado cambiar la hora de acostarse y de despertarse, pero era como si todo le rebotara y no pudiera dejar de seguir sus patrones normales. Con el tiempo había encontrado diversas maneras de gestionar el insomnio. Pero la táctica principal a la que había recurrido era muy extrema: pasado un determinado número de semanas, Ben no se acostaba durante cuarenta y ocho horas seguidas para resetearse y lograr estar despierto durante el día, sobre todo cuando debía atender algún compromiso de trabajo de suma importancia. Quería saber si yo me veía capaz de ayudarlo.

Ben padecía lo que yo llamo un *retardo de fase*, y bastante grave, por cierto. Un retardo de fase esencialmente significa que tu ritmo circadiano no está alineado con el resto del mundo. Hay personas que son aves nocturnas por naturaleza (*fase retardada del sueño* es el término técnico), pero este hombre era el ave nocturna más radical que jamás había conocido. Tenía cuarenta y cinco años y, según él, había padecido este trastorno durante toda la vida.

Le pregunté si su trabajo era compatible con su retardo de fase, y él me lo negó categóricamente. Trabajaba para una aseguradora multinacional que le exigía que cumpliera con un horario muy concreto: de nueve a cinco. Ben se había dado cuenta de que pasaba el día mirando el reloj y preguntándose si lograría terminar la jornada. El reseteado que hacía cada pocas semanas le servía momentáneamente, pero quedarse levantado dos días seguidos representaba para él un esfuerzo enorme. Y a mí me preocupaban mucho los efectos que pudiera acarrearle a largo plazo (actualmente, sabemos que las personas que duermen menos corren un mayor riesgo de padecer dolencias de diversa índole, como puedan ser enfermedades cardiacas, obesidad, depresión e incluso alzhéimer y demencia).[4]

Lo que le dije a Ben fue lo siguiente: «Podemos hacer varias cosas. Podemos probar con una terapia lumínica por las mañanas y tomar suplementos de melatonina por la noche. Hay un estimulante llamado modafinilo, que a menudo se utiliza para que estés despierto cuando tanto el cuerpo como el cerebro quieren dormir. Podríamos hacer cronoterapia, que sería forzar la cosa en sentido contrario y privarte del sueño hasta que tengas ganas de irte a dormir en el momento que toca acostarse, y que es básicamente lo que ya estás haciendo ahora con esta estrategia del reseteo. Si nos lo planteamos seriamente, podríamos incluso ir cambiando poco a poco tu horario. Ahora bien, si lo que quieres es que te diga la verdad, quizá en tu caso nada de todo esto funcione. Podría darse el caso de que este mundo no esté hecho para ti».

Es duro lo que estoy diciendo, ya lo sé. Y no me gusta nada darle esta noticia a alguien que está sufriendo. Pero también quiero recalcar que todo esto no es culpa del paciente. Es el mundo el que se muestra inflexible.

Quise dar a Ben varias opciones entre las que elegir: si quería ir a las bravas y rectificar su retardo de fase, yo estaba conforme con intentarlo. Pero las personas que sufren esta fase retardada del sueño, si es grave, suelen actuar de maneras muy distintas y, por ejemplo, son capaces de elegir una profesión que pueda desempeñarse de noche. He tratado a personas que padecen retardos de fase y trastornos del ritmo circadiano muy graves y, en muchos casos, han elegido trabajos nocturnos, o trabajos con horarios muy flexibles. De todos modos, veo que existe un número desproporcionado de personas que han optado por elegir trabajos nocturnos, como el de guardia de seguridad o el de programador informático. A algunas les va muy bien, pero hay muchas que padecen un retardo de fase grave y terminan sufriendo una depresión, porque no viven las mismas experiencias que los demás, y además pueden llegar a sentirse muy solas.

«Podemos intentarlo haciendo una de estas intervenciones —propuse a Ben—. Pero, ya que hablamos de ello, quiero que sepas que quizá te pasarás toda la vida luchando contra este trastorno. Y, a largo plazo, quizá te apetezca más plantearte elegir un trabajo distinto».

Al final, Ben terminó por adoptar un enfoque mixto: se esforzó en cambiar su ritmo circadiano lo bastante para que este le permitiera seguir un horario diurno, pero además pidió la incapacidad laboral y empezó a valorar otras opciones que le permitieran desempeñar una profesión que fuera más acorde con su predisposición genética a seguir despierto y en alerta máxima aun cuando fuera de noche.

Sin embargo, quiero hacer hincapié en la idea de que este retardo de fase tan extremo es muy poco frecuente; de hecho, la prevalencia del síndrome del retardo del sueño, entre los datos de los que disponemos, es inferior al 0,2 % de la población en general[5] (entre los adolescentes, la cifra sube hasta un 15 %, pero es temporal, o dicho de otra manera, no es permanente).[6] Lo que es más frecuente es que las personas que se encuentran siguiendo este patrón de conducta (están despiertos de noche y se sienten soñolientos durante el día), cuenten con la presencia de unos factores ambientales que lo refuerzan. Tengo pacientes en la clínica (y he de admitir que a mí también me pasa) que se quedan haciendo cosas hasta muy tarde y eso los tiene en vela: consultan las redes sociales, se ponen a jugar, trabajan, leen y se dedican a cultivar unas aficiones a las que les parece que no pueden dedicarles tiempo durante el día. Esto lo veo mucho en los artistas: se meten de cabeza en un proyecto y, de repente, les dan las tres de la mañana.

La mayoría no tenemos una fase de retardo del sueño parecida a la de Ben. Adoptamos unas conductas determinadas, por muchísimas razones que pueden ser muy válidas, y eso perpetúa la lucha que estamos librando contra el insomnio. Tenemos intereses a los que no podemos dedicar tiempo durante el día, vivimos con mucha presión en el trabajo, tenemos niños que lidian con sus propios problemas para dormirse. Pero también hay que decir que la falta de estructura que observamos a la hora de despertarnos es parte constitutiva del problema, y eso provoca que el ciclo desregulado de sueño que seguimos se perpetúe. Nos quedamos hasta muy tarde trabajando, comprometidos con un proyecto, cuidando de un bebé, y terminamos durmiendo cuando podemos para recuperar el sueño perdido. Hasta que llega un día en que no podemos ejercer la presión de sueño necesaria para poder quedarnos dormidos más pronto, y así perpetuamos el ciclo.

En este punto es donde entran los *zeitgebers*. Hasta un cierto punto, el ritmo circadiano es genético, eso está claro. Pero también es maleable. Reaccionará ante las presiones que ejerzan el entorno y tu rutina en concreto. Factores como el momento en que te despiertas, cuándo te tomas el café o el té, cuándo comes y haces ejercicio, y todo aquello que haces de manera rutinaria antes de acostarte para desencadenar el sueño nocturno puede que ejerza una determinada presión en tu ritmo circadiano y lo cambie. Piensa en la última vez en que te fuiste de viaje (tanto si la diferencia horaria fue de dos horas como si fue de doce), y en la manera en que lo gestionaste. No creo equivocarme si deduzco que no tardaste ni un minuto en alinear tu horario con el que te marcaba el reloj de la localidad en que te encontrabas (y, si no lo hiciste, ¡prueba a hacerlo la próxima vez!). Casi sin pensarlo, empezaste desayunando por la mañana, que es cuando sueles hacerlo; cenando cuando tienes costumbre de hacerlo, e incluso fuiste a dar una vuelta o acudiste a una clase de gimnasia en el momento en que sueles hacerlo. Quizá te costó salir de entre las sábanas al día siguiente por las ganas de dormir que tenías, dadas las horas de retraso que llevabas. Habiendo hecho todo eso, quizá descubras que puedes recuperarte del *jet lag* con bastante rapidez. Al cabo de un par de días, la hora de despertarte y de dormirte (tu reloj interno) se habrán adaptado muy bien a tu nuevo reloj externo. Este es un ejemplo de adaptación de tu ritmo circadiano. Ejerciste presión en él introduciendo ciertas palancas en tu rutina, por así decirlo, y funcionó.

Cuando los pacientes vienen a visitarse a mi clínica, lo primero que les digo es que elijan una hora para despertarse y que la respeten siempre, los siete días de la semana. Empiezo diciéndoles eso en primer lugar porque es lo más eficaz y primordial que pueden hacer la mayoría para solucionar los problemas que tienen para dormir. Ser consistente es clave, porque tu cuerpo lo anhela, y eso puede tener unos efectos muy potentes. De todos modos, a muchas personas les cuesta lo suyo. Y les puede resultar muy duro hacer ese ajuste, porque siempre estamos intentando engatusar al organismo durante un día, o una noche. ¿Has dormido mal esta noche? Ya dormirás más en otro momento para recuperar el sueño perdido. Esta frase parece, de todo punto, lógica. Pero en realidad eso es lo peor que puedes hacer.

¡Deja de provocarte *jet lag*!

Si hay días en que te levantas a las seis de la mañana y otros días lo haces a las nueve, estás interrumpiendo tu ritmo circadiano. Te estás poniendo, intencionadamente, en un estado de *jet lag*. Es como si cada sábado sobrevolaras tres zonas horarias distintas intentando aclimatarte para luego volver a las andadas.

Muchos de los pacientes con quienes trabajo vienen a verme y me dicen: «Ya sé que cada día debería levantarme a la misma hora, pero... *no puedo, de verdad. Me cuesta mucho. Voy muy cansado. Mi horario laboral es impredecible*». Lo entiendo, y francamente te diré que, si no te cuesta conciliar el sueño, quizá dormir un poco más los fines de semana sea lo más adecuado para ti. Como esa copa de vino de más que nos tomamos, la porción de *pizza* o la copa de helado que nos hacen la vida más agradable. Pero si vienes a mi clínica (o, quizá, por el hecho de estar leyendo este libro), debe de ser porque las cosas no te van tan bien a la hora de dormir. Si ese es tu caso, despertarte a una hora fija es algo que deberías probar. Por eso, cuando mis pacientes me dan mil y una razones para justificar la idea de que eso no va con ellos, yo les digo lo siguiente:

La hora que elijas es cosa tuya. Cuando las personas vienen a mi laboratorio, yo insisto: «Si tuvieras que comprometerte a levantarte a una hora determinada, ¿a qué hora lo harías?». Tienes que responder a la pregunta inmediatamente, porque yo no voy a prescribirte que te despiertes tarde o temprano, ni voy a decirte la hora en concreto a la que debes hacerlo. Encuentra una hora que se ciña a tus horarios (cuando veas que eres capaz de gestionar el trabajo, a los niños y todo aquello que lleves entre manos, ese es el mejor momento del día para despertarte, en lo que a mí concierne). Cuando te hayas decidido, pon el despertador. Los despertadores pueden adoptar mil y un aspectos distintos. Yo tengo hijos pequeños en casa, y la alarma que oigo por las mañanas es humana (de todos modos, ya te digo aquí y ahora que esta clase de alarma resulta muy cara de mantener, y no te la aconsejo si lo único que pretendes es solucionar el problema de sueño que arrastras).

No te estreses: tienes espacio de sobra para maniobrar. Si pones el despertador a las ocho de la mañana y un sábado te despiertas a las ocho y cuarto, eso no cambia nada la situación. Es perfectamente aceptable que muestres un poco de flexibilidad y seas algo permisivo contigo mismo. De lo que se trata aquí es de ser coherente a grandes rasgos. Básicamente, lo que deseo que hagas es un esfuerzo.

Procura que valga la pena. A veces, mantener un compromiso en firme cuesta muchísimo. Quizá hayas cambiado la hora de despertarte y ahora lo hagas más temprano en un intento de estabilizar tus propios ciclos de sueño, sobre todo los días que libras, si tienes por hábito quedarte dormido. Estos días son los que más te costará cumplir con tu compromiso. Por eso es importante que te gratifiques, y de inmediato, tan pronto como te despiertes. Esta es la típica lección que aprendemos con el cambio de conducta, y puedo asegurarte que funciona.

Uno de mis pacientes quería mejorar la calidad de su sueño, pero le costaba muchísimo enfrentarse a la idea de tener que levantarse cada día a la misma hora. Lo que él quería era dormir más. Le sentaba bien. Creía que su cuerpo necesitaba ese tiempo para recuperarse. Pero esa situación era precisamente lo que le estaba confundiendo el ritmo circadiano y desregulando los estimulantes del sueño. Por eso elaboramos conjuntamente un nuevo plan. Él se levantaría cuando sonara el despertador, y se dirigiría directamente a la cafetería que tenía cerca de casa para tomarse su bebida favorita: un cortado coronado por una capa abundante de espuma de leche. Ese ritual terminó convirtiéndose en un momento preciadísimo de silencio y tranquilidad, un momento que él pasaba alejado de aquella casa en la que había un millar de responsabilidades, alejado de las exigencias que le planteaban los niños y la familia. Mi paciente se acostumbró a leer el periódico, actividad para la que normalmente nunca encontraba la ocasión perfecta. Ese tiempo de más que había logrado encontrar para sí mismo, gracias a la coherencia que mostró al despertarse a la hora que había elegido, lo vivía como un regalo.

Otro caso diferente es el de una paciente que tomó la decisión de pasear por una playa que había cerca de su casa; esa mujer convirtió su paseo en un ritual mañanero, y terminó descubriendo que aquello era lo que más anhelaba desde el mismo momento en que abría los ojos, tras haber oído la alarma del despertador. Estaba contenta de tener que levantarse. Otras personas recurren a tácticas distintas: se preparan un desayuno completo cuando, por lo general, lo que hacen cada día es tomarse a toda prisa un cuenco de cereales; se hacen un café y resuelven un sudoku; se dan una larga ducha que las deja repletas de energía, o salen al porche simplemente a disfrutar de la salida del sol.

Por último, imagínate un globo que, en lugar de aire, está lleno de sueño. ¿Recuerdas la analogía del globo? En el mismo instante en que te levantas, empiezas a notar la presión del sueño. Si has dormido el tiempo que necesitabas, el globo estará plano cuando te despiertes, con independencia de la hora en que abras los ojos, sean las seis de la mañana o las doce del mediodía. A partir de ese momento, el globo se va hinchando gradualmente. Si deseas que tu experiencia resulte más fácil, que implique un menor esfuerzo para ti y resulte más natural, empieza a hinchar ese globo aproximadamente a la misma hora cada día.

Menos caos y más calma

Este nuevo nivel de estructura matutina puede llegar a ser de gran utilidad. Cuanto mayor sea la predictibilidad, más predecibles serán las cosas. Cuando sentimos que nuestra vida es un caos, contar con unos marcadores claros que nos indiquen los momentos en que empiezan y terminan determinadas actividades (como dormir) le permite a tu cerebro seguir la pista y estructurar mejor sus funciones de manera inconsciente. Si nos despertamos siempre a la misma hora, nos ahorraremos la incertidumbre y la sensación de azar que notamos por la mañana. Y si te mantienes fiel a tu compromiso, descubrirás que tus días cuestan menos de sobrellevar y no son tan frenéticos. Empezarás a ser capaz de encontrar tiempo en tu apretado horario para hacer las cosas que más te gustan, y ese es el beneficio añadido que consigues estabilizando previamente tus estimuladores del sueño.

La vida puede provocarte *jet lag* si tus dos estimuladores del sueño no están bien alineados. Y no te compensa pasar varios meses o varias semanas de tu vida viviendo ese *jet lag* (sumido en una neblina cognitiva, con un metabolismo deficiente y con problemas derivados del estrés). Ahora bien, eso mismo también nos demuestra exactamente cómo debemos tratar este problema, y nos recuerda que somos adaptables. ¿Cuánto tiempo te lleva reajustarte cuando tienes *jet lag*?, ¿un par de días? Pues piensa que también puedes conseguirlo en el mismo intervalo de tiempo.

EJERCICIO PARA HOY

ELIGE UN MOMENTO DEL DÍA Y MANTENTE FIRME

El sueño no nos lo provocamos, nos viene. Por eso no podemos elegir el momento en que nos dormiremos, y es esencial que no nos impongamos esa presión por las noches si lo que intentamos es dormir mejor. Lo que sí podemos hacer es influir poderosamente en el momento de dormirnos imponiéndonos alguna intervención en el momento de despertarnos. Y el momento de despertarnos sí está bajo nuestro control. Empezando el día de hoy, comenzaremos a estabilizar y a regular el ritmo circadiano y el impulso homeostático del sueño.

Tu misión para este día de hoy

1. **¡Elige el momento del día!** Escoge para despertarte una hora que consideres que serás capaz de respetar a diario, incluso los fines de semana (o los días en que libres). Te conviene elegir un momento que se adecúe a la vida que llevas y, si es posible, a la preferencia personal que tienes preprogramada. Como la necesidad que tiene cada uno de dormir es muy particular (en general, suele ser de siete horas en los adultos), cuando te marques el momento de despertarte, piensa que no tardarás mucho en sentir que, de noche, te entrará el sueño aproximadamente a la misma hora.
2. **¡Pon la alarma!** Programa tu alarma o tu teléfono a la hora elegida y cumple todos los días de la semana. Hay personas a

las que no les gusta usar el despertador, sino que prefieren despertarse de manera natural. Por mí, fantástico, si estás acostumbrado a despertarte en un momento en concreto y no necesitas regular tu sueño. Pero si tu cuerpo no está bien regulado, ya puedes dar el proyecto por perdido. Hazte con algún artilugio digital que pueda servirte de ayuda. Si te ciñes a tu plan el tiempo suficiente para que el hábito cale en ti, dejarás de necesitar ayuda.

3. **¡Deja que entre la luz!** En el momento en que te despiertes, levántate y sube la persiana. Si es factible (y no hace demasiado frío), sal de la casa incluso. Cuando intentas cambiar la hora de despertarte, la exposición a la luz es un *zeitgeber* tan potente que puede llegar a activar tu organismo de golpe.
4. **Date una recompensa por haberte despertado a la hora.** Hazte una deliciosa taza de café. Lee un libro. Da un paseo. Ponte música. Disfruta una generosa ducha caliente. Elige algo que te guste y que no te dé tiempo a hacer durante tus ajetreadas mañanas. Enséñale a tu cerebro y a tu cuerpo que levantarte cada día te compensa más que quedarte en la cama durmiendo. Tu cuerpo interiorizará el mensaje.
5. **Y, finalmente, busca un momento propicio para escribir en tu diario del sueño.** Si lo haces esta misma mañana, no te llevará más de un minuto; piensa que tendremos que ir repescando todos los datos que hayas ido escribiendo a lo largo de la semana.

RESOLUCIÓN DE PROBLEMAS

Estrategias para probar si se presentan desafíos

- **Si todavía sigues echándote una siesta...,** ponte el despertador al otro lado de la habitación en la que te encuentres. ¡Oblígate a levantarte para apagarlo! Las probabilidades de que vuelvas a meterte en la cama son mucho menores. Y, a largo plazo, valora la posibilidad de invertir tu dinero en un despertador de esos que aumentan la intensidad de la luz en el dormitorio progresivamente. Muchos de mis pacientes encuentran que es una manera muy efectiva de despertarse.
- **Asegúrate de que tu recompensa te compense de verdad.** Hay personas que intentan recompensarse a sí mismas haciendo cosas como asistir a una clase de gimnasia, creyendo que se divertirán mucho o que sacarán provecho a largo plazo. Y no les falta razón: ¡a largo plazo puede llegar a resultarles muy beneficiosa! Pero también terminan quedándose en la cama si en realidad el ejercicio es algo que les da reparo. Quizá sea mejor que dejemos el ejercicio para más adelante. Elige hacer algo que de verdad te compense. No intentes optimizar ni sacar provecho de este momento en concreto: la tarea que te impongo es que te des un buen capricho esta misma mañana, y todas las mañanas en que logres alcanzar tu objetivo.

DÍA 2

DESACELERA

¿Cuántas veces te has sentido estresado durante el día de hoy?

Si tu respuesta es cero veces, considérate afortunado, porque es francamente raro, la verdad. Quizá seas un maestro del zen, claro está, pero lo más probable es que te encuentres en la misma categoría que la mayoría de los que poblamos este planeta Tierra, y que te pases el día experimentando unos altibajos que empiezan tan pronto como abres los ojos y el cerebro empieza a dar vueltas a las cosas. Yo sé que, cuando tengo un día apretado, lo que hago en el mismo momento en que salgo de la cama es ponerme a repasar lo que tenía previsto hacer durante toda la jornada; es decir, llevar a los niños a la escuela, dedicarme a las gestiones que me he comprometido a hacer antes de ir al laboratorio y, finalmente, encargarme de todas esas otras tareas que tendré que realizar una vez que, efectivamente, haya llegado al laboratorio.

Un día atareado puede parecer un campo de minas, plagado de innumerables e insignificantes desencadenantes que pueden provocarte una subida de la presión arterial y un aumento vertiginoso del estrés. ¿Cuántas cosas crees que van a afectarte esta noche, cuando al final te deslices entre las sábanas, cierres los ojos y esperes que el sueño te invada? ¿El estrés que has sentido durante el día se interpondrá en tu camino?

Comprender el vínculo entre sueño y estrés

El sueño y el estrés van íntimamente entrelazados. Y este cruce que vemos entre el sueño y el estrés es, en realidad, lo que más me apasiona. La reacción de tu cuerpo ante el estrés y la manera en que lo gestionas pueden influir en la calidad de tu sueño. Te diré más: el sueño es el que determina si te manejas bien con el estrés. Es una relación cíclica. Y como eso es así, vamos a profundizar en la relación que existe entre el sueño y el estrés, para que puedas ver cómo puedes romper un ciclo que podría estar saboteando la calidad de tu sueño.

Ya conoces bien la reacción de tu cuerpo cuando se enfrenta al estrés. Por eso quiero que valores la cantidad de veces al día que sientes ese pico, que es cuando tu organismo reacciona frente a un estímulo estresante. Podría ser que tu reacción al estrés se desencadenara varias veces a lo largo del día ante el desencadenante más nimio. Ya sabes entonces lo que se siente: ese brote de preocupación y de ansiedad, ese pensamiento intrusivo que te asalta sin previo aviso, ese cuerpo que se tensa mientras las hormonas del estrés pasan a tu flujo sanguíneo. ¿Podríamos decir que cada impacto que recibas de este combinado de estrés que llevas encima va a quitarte una hora de sueño? Es posible, aunque te sorprendería saber que, aun cuando lleves una vida de lo más estresante, el estrés en sí mismo quizá no sea el único problema en tu caso.

Nuestros organismos procesan el estrés de una manera magnífica, y quizá no nos llevemos a la cama las experiencias estresantes que vivimos durante el día tanto como imaginamos. Los estudios que hemos hecho en nuestro laboratorio del sueño (junto con los que han realizado otras instituciones) demuestran que las experiencias diurnas del estrés no siempre son unos buenos predictores del sueño, ni resultan del todo fiables.[1] De hecho, en realidad puedes haber tenido un día de mucho estrés y luego dormir fantásticamente bien. Solo hay un par de excepciones a esta regla: en primer lugar, si el acontecimiento estresante ha ocurrido poco antes de acostarte (si has discutido con tu pareja o recibido malas noticias en el momento en que tu cuerpo ya baja su actividad), eso influirá sin duda en la capacidad que tengas de borrar todas esas cosas de tu pensamiento y pasar una buena noche; y, en segundo lugar, si el factor estresante es grave (si te despiden de tu trabajo o tienes un accidente de automóvil nada más empezar el día), ¡imagínate cómo te va a afectar eso de noche! Pero esta clase de cosas no suelen suceder un día cualquiera. Por encima de todo, piensa que tu mente y tu cuerpo saben gestionar perfectamente el estrés cotidiano, aun cuando este sea intenso. Por ejemplo, *los picos de estrés y su recuperación* (que es cuando el cuerpo presenta una fuerte reacción al estrés, pero luego recobra su nivel fisiológico de referencia) son connaturales a tu constitución, e incluso pueden resultar beneficiosos para tus células, porque desencadenan un proceso de limpieza por el que el cuerpo se libera de las células viejas, dañadas o senescentes (muertas).

La cuestión no es que el estrés no sea un problema para conciliar el sueño: hay diversos tipos de estrés que pueden llegar a ser muy problemáticos, y de eso hablaremos en breve. Lo que quiero que entiendas desde un buen comienzo, en lo que se refiere al estrés normal y corriente con el que convives —generado por los altibajos de tu trabajo, por el hecho de ser padre o madre, por ocuparte de la logística de tu economía, de la familia y de muchas otras cosas más—, es que, en realidad, tienes una gran capacidad de aguante. Uno de los principales elementos que veo que se interponen en la manera en que la gente encara la noche es la preocupación que les genera la idea de no ser capaz de descansar bien, o la creencia de que ya está condenada de antemano a pasar una mala noche. Por eso, incluso antes de abrazar de lleno el tema de lo que uno es capaz de hacer con el estrés para triunfar sobre él, *quiero aclarar que debes deshacerte de toda idea preconcebida que te lleve a creer en la fórmula «estrés = insomnio»*. No te dejes atrapar por ese bucle de pensamiento que dice: «Hoy he tenido tanto estrés que no voy a ser capaz de dormir». ¡No pienses eso, porque no es verdad! Consuélate y confía en este ámbito de la ciencia: el estrés del día no va a impedirte que esta noche duermas plácidamente.

Los datos provenientes de los estudios realizados en nuestras investigaciones que registran el estrés diario y el sueño nocturno durante varios días seguidos en realidad nos están indicando que la influencia entre estrés y sueño es más potente al revés: una mala calidad del sueño, o dormir pocas horas, te convierte en una persona más vulnerable al estrés.[2]

Realizamos un estudio sobre el estrés y el sueño que acusan las madres que quedan al cuidado de sus hijos pequeños, y, como seguramente ya habrás experimentado en carne propia, cuidar de los pequeños es un panorama plagado de estresores potenciales. Montamos dos grupos de estudio: uno estaba constituido por un grupo de madres que se clasificaron a sí mismas como muy estresadas; y el otro grupo refirió tener menos estrés que las anteriores en el momento en que iniciamos el estudio. Es decir, contábamos con un grupo con mucho estrés y otro con poco estrés. Nuestra intención era investigar la influencia que el sueño tiene en nuestra experiencia del estrés, y la forma en que el estrés con que estas mujeres vivían durante el día les influía de noche y se apoderaba de su ciclo sueño-estrés.

Las participantes de este estudio llevaron un diario del estrés muy detallado, en el que registraron cuándo y por qué sentían estrés durante el día, y también los acontecimientos que lo desencadenaban. Simultáneamente, hicimos un seguimiento del sueño con unos aparatos que llevaban puestos y que iban registrando todos los datos pertinentes a la investigación. No nos sorprendió en exceso el hecho de que las personas que dormían menos de lo habitual experimentaran un mayor estrés al día siguiente. Todo eso concordaba con otros estudios que habíamos realizado en nuestro laboratorio, así como con las investigaciones en que otras instituciones se habían embarcado y que demostraban que, cuando las personas no duermen lo suficiente, al día siguiente tienen más estrés.[3]

Tiene sentido: si descuidas el sueño, el impacto cognitivo que este tiene en ti es tangible e inmediato. Nos resulta más difícil gestionar las emociones, controlar los impulsos e incluso prestar atención y retener información en la memoria funcional. Y todo esto, tomado en su conjunto, consigue que vivamos el día a día con más estrés del debido. Todos hemos pasado por la experiencia de sentirnos alicaídos, desconcentrados y más reactivos de lo normal tras haber pasado una mala noche. Pero tampoco es el fin del mundo... (¡siempre hay noches en las que uno duerme mal!). Pero si, por norma general, andas escaso de sueño, aunque solo sea un poquito, eso influirá decisivamente en todas tus experiencias vitales.

Lo que resultó francamente interesante del estudio que hicimos con las madres faltas de sueño fue lo siguiente: pedimos a las participantes que escribieran exactamente lo que les estaba provocando estrés. A continuación recogimos los diarios y se los entregamos a unos programadores especializados en recogida de datos para que agruparan los desencadenantes del estrés en diversas categorías y determinaran, en la medida de lo posible, la gravedad que parecían tener en función de lo estresantes que resultaban para ellas. ¿Eran significativos esos estresores?, ¿o eran más bien asuntillos engorrosos que tenían poca importancia? Para concluir, los especialistas hicieron referencias cruzadas entre las reacciones de las mujeres y los diarios del sueño, y lo que descubrieron fue que todas ellas se sentían más estresadas si habían vivido algún acontecimiento empíricamente estresante, independientemente de que hubieran dormido bien o mal. Si les había sucedido algo estresante, las mujeres se sentían estresadas, como es de suponer. Parecía que haber dormido mal incrementaba la reacción estresada que presentaba la mujer ante unos estresores leves y moderados (o incluso ante unos acontecimientos que, en condiciones normales, no la estresarían en absoluto). Dormir mal hacía que el umbral de lo que resultaba estresante disminuyera en su caso.

Falto de sueño, harto de estrés

Escatimar en el dormir cambia nuestra manera de percibir las cosas. Cambia nuestra experiencia de la vida. La manera exacta en que este fenómeno ocurre todavía está por descubrir, pero es un campo al que he dedicado muchas horas de investigación en mi laboratorio, y lo que sí puedo decirte es que sabemos perfectamente que, si vamos faltos de sueño, las personas vivimos las cosas con más estrés del que padeceríamos si hubiéramos dormido bien. Y entonces contemplamos el mundo bajo un prisma distinto.

Cuando la falta de sueño es prolongada, tendemos más a meternos en problemas, incluso con nuestros seres más queridos (en un estudio de la doctora Amie Gordon, de la Universidad de Míchigan, se demostró que cuando los participantes en el experimento dormían peor de lo acostumbrado, referían haber tenido más problemas con la pareja al día siguiente).[4] Tampoco es algo que nos coja por sorpresa, pero la cosa se pone más interesante cuando vemos que, en otro estudio posterior, los investigadores buscaron parejas que estuvieran dispuestas a acudir al laboratorio para participar en una actividad que se centrara en un conflicto que estuviera minando su relación, y con ello me refiero a esas cosas que nos sacan de quicio, como por ejemplo quién se encarga de fregar los platos y quién va a la compra, cómo equilibrar la balanza para que cada uno pueda dedicarse a sí mismo el tiempo que merece o cómo tocar temas espinosos como la política, por ejemplo. La pareja trabajaba esa situación y luego rellenaban unos cuestionarios para plasmar cómo se habían sentido, cómo creían que debía haberse sentido su pareja y si pensaban que el problema había quedado solucionado. Pero lo que descubrieron fue lo siguiente. En primer lugar, el miembro de la pareja que había dormido peor la noche anterior había experimentado más emociones negativas que positivas durante la discusión; en segundo lugar, si uno de los dos miembros de la pareja había dormido mal, juzgaba peor las emociones del otro durante la discusión que hubieran mantenido (mostraba una menor capacidad empática para ponerse en el lugar del otro). Finalmente, y quizá eso sea lo más preocupante cuando se trata de mantener una relación cordial, si uno de los dos miembros de la pareja decía que había dormido mal, eso implicaba que disminuían significativamente las probabilidades de resolver el conflicto. ¿Qué podía extraerse de todo esto? Pues que dormir bien influye en gran manera en las relaciones que mantengamos con nuestros seres más allegados.

La pérdida de sueño también puede influir mucho en los comportamientos saludables que adoptemos, y aquí incluimos también las elecciones dietéticas, que podrían acabar siendo no del todo adecuadas para conciliar el sueño (o cuidar de nuestra salud). En un estudio que considero que es de los mejores que existen sobre el sueño, el estrés y las elecciones que tomamos, los investigadores montaron una tienda de comestibles de pega y la abarrotaron de víveres para que la gente fuera a comprar. Les dieron dinero para sus compras y les dejaron que eligieran a voluntad. El paso siguiente fue impedirles que durmieran bien esa misma noche. A la mañana siguiente, los compradores que fueron sintiéndose faltos de sueño eligieron productos distintos a los que habitualmente escogían cuando estaban descansados, y terminaron llenando los carritos con productos que contenían más calorías. ¿Cómo se explicaba todo aquello? Algo pasa en el cerebro cuando las personas van faltas de sueño. Aquellos investigadores establecieron la teoría de que la falta de sueño podría ser la causante de que aumentara lo que denominaron *impulso hedonista*, o de que incluso se disparara en la gente la sensación de hambre. En otros estudios afines realizados en un laboratorio, mi colega, el doctor Matt Walker, que trabaja al otro lado de la bahía, en la Universidad de Berkeley, privó de sueño a los individuos que participaban en su experimento y luego les hizo una resonancia. Una resonancia magnética es capaz de seguir el flujo de la sangre oxigenada mientras esta recorre el cerebro, y gracias a eso pueden verse iluminadas las zonas del cerebro que acusan una mayor actividad al estar sometidas a determinados estímulos. Es decir, con el imán de la máquina de resonancias magnéticas a todo zumbar para registrar la actividad cerebral de los voluntarios, los investigadores iban mostrando a los individuos distintas imágenes de alimentos y permanecían atentos a lo que observaban. Y lo que vieron fue que los núcleos de recompensa de aquellos cerebros que andaban escasos de sueño reaccionaban más ante los alimentos más ricos en azúcares y grasas, comparados con los cerebros de los individuos que estaban más descansados.[5]

Creemos que lo que sucede es que, con la falta de sueño, la capacidad de resistirnos a esta clase de impulsos y caprichos que proceden de las zonas más iluminadas del cerebro disminuye en gran medida. No es solo que nuestros centros de recompensa vayan a toda máquina, sino que además nuestra capacidad para ir más despacio y echar el freno también disminuye (los frenos, en este panorama, serían el sistema de control ejecutivo de nuestro organismo, o ese ángel protector que nos guía para que tomemos las mejores elecciones, las más inteligentes y estratégicas, en cualquier situación dada. El control ejecutivo se asegura de que tus objetivos y tus actos estén bien alineados. Y lo que vemos que sucede cuando hay una falta de sueño en los estudios realizados en un laboratorio es que, en los sujetos participantes, ese control ejecutivo básicamente está desconectado. Si vamos faltos de sueño, solo le damos al acelerador y circulamos sin frenos.

Este pedal de freno que echamos en falta es la razón que nos hace creer que las personas que duermen mal son más sensibles al estrés y les cuesta mucho más regular sus emociones; y todo eso tiene consecuencias en el mundo real. Se ha visto, por ejemplo, que los agentes de policía que padecen trastornos del sueño son más propensos a dejarse llevar por la rabia en presencia de un sospechoso.[6] Los jueces soñolientos dictan sentencias de cárcel más severas.[7] Y, en las organizaciones jerarquizadas, los supervisores que andan escasos de sueño son más propensos a tratar mal a sus subordinados.[8] En general, vemos que las personas que han dormido mal terminan actuando de una manera más introvertida y se centran mucho más en sus propias necesidades que en las necesidades del grupo o de la comunidad. En resumen: si no dormimos lo suficiente, no salimos al mundo con la mejor de las caras.

Por si fuera poco, cuando vivimos la vida con estrés y con problemas (que es lo que sucede cuando vamos faltos de sueño), tomamos unas decisiones para gestionar este estrés que después nos pasarán factura. Nos tomamos un último café, nos tomamos otra copita más, nos consolamos comiendo determinados alimentos e ingiriendo un tipo muy concreto de sustancias... En fin, bajo el efecto del estrés tomamos las mismas decisiones en cuanto a la selección de alimentos que cuando vamos faltos de sueño: nos apetecen muchísimo los productos grasos y azucarados. Y no es casualidad. *Existe una razón biológica por la cual el cuerpo nos pide a gritos esta clase de alimentos cuando la reacción ante el estrés es acuciante, y es porque de esta manera generamos menos cortisol.* Si se activa mucho el cortisol, el cuerpo elige sustancias ricas en grasas y azúcares, porque actúan como si fueran un medicamento para el estrés.[9] Pero, en realidad, eso no es bueno para el cuerpo, y, a menudo, tampoco lo es para conciliar el sueño.

Los investigadores del sueño llevan tiempo siendo conscientes de que existe una vinculación entre el hecho de dormir menos y consumir una mayor cantidad de ciertos alimentos, como son los carbohidratos procesados y el azúcar, mientras que las personas que comen más verduras y toman más fibra parecen dormir mejor. Ahora bien, ¿podemos decir que existe una correlación, o que se trata más bien de una causalidad? La investigadora y doctora Marie-Pierre

St-Onge, que trabaja en la Universidad de Columbia, ha intentado desenmarañar el asunto. Junto con sus colegas, dirigió un estudio[10] en el que controló de manera muy estricta el sueño y la dieta: los investigadores monitorizaron el sueño de los participantes en el estudio (en lugar de confiar en que les relatasen sus propias versiones) y un nutricionista les preparó las comidas. Los resultados se asemejaron mucho a diversos hallazgos previos: una dieta más rica en verduras y grasas saludables iba asociada a una mejor calidad del sueño. Pero fue entonces cuando descubrieron la razón: en el momento en que las personas se apartaban de una dieta rica en fibra y abundante en frutas y verduras, y optaban por las grasas saturadas y los carbohidratos simples, acusaban una *disminución en el sueño profundo de ondas lentas*. El sueño de ondas lentas parece que es la fase del ciclo del sueño en la que dormimos de una manera más profunda y reparadora.

¡Amantes de los carbohidratos, prestad atención! Los carbohidratos representan un caso muy interesante. Diversos estudios han descubierto que, si bien la mayoría de los carbohidratos sirven para que concilⁱemos antes el sueño, solo algunos de ellos nos ayudan a seguir durmiendo. Los carbohidratos simples y azucarados (piensa en la *pizza*, el pan blanco, los panecillos y la pasta) pueden provocar que te despiertes más veces a lo largo de la noche. En contrapartida, los carbohidratos complejos (que son los que contienen más cantidad de fibra, como el boniato, la avena y los cereales integrales) pueden estabilizar el patrón de tu sueño, y eso posiblemente sea debido, según teoriza la doctora St-Onge, a que además ayudan a estabilizar el azúcar en sangre.[11]

La moraleja es que los alimentos que el cerebro y el cuerpo te piden a gritos cuando estás estresado, y que son los que probablemente consumirás en esos momentos, en realidad pueden ocasionar que te resulte más difícil conciliar el sueño y dormir bien.

Para resumirlo todo un poco mejor: las personas que andan por la vida faltas de sueño (aunque solo sea un poco) perciben el mundo como un lugar estresante. Hacen unas elecciones, sometidas al estrés, que no harían en otras circunstancias, y eso podría costarles una noche de sueño. Me estoy refiriendo, por ejemplo, a la elección de determinados alimentos, a saltarse el ejercicio físico porque el tiempo aprieta y a otras decisiones similares. Las personas faltas de sueño reaccionan biológicamente con mucho estrés ante unos acontecimientos que no les provocarían tanta presión si sus circunstancias fueran distintas. Incluso es posible que lleguen a optar por vivir experiencias que les resulten más estresantes todavía. Y todo esto acarrea un coste biológico. El estrés, como ya sabemos —y más si es constante—, te envejece a nivel celular. Desgasta tus telómeros, los capuchones protectores que tenemos en los extremos de los cromosomas y que desempeñan un papel muy significativo para determinar el envejecimiento celular del cuerpo.[12] ¿Y sabes qué? Durmiendo poco y mal terminamos llegando al mismo resultado.[13]

Si tienes insomnio, o te está costando lo tuyo dormir lo suficiente, puede que te sientas molesto ante lo que acabas de leer. «¡Ya sé que dormir es muy importante! —te dirás—. ¿Por qué crees que estoy leyendo este libro?». Déjame que te dé un par de razones por las que quiero tocar este tema.

Nos proporciona una manera de intervenir

Como ya dije anteriormente, el sueño y el estrés son cíclicos. En pocas palabras, cuanto más se interrumpa nuestro descanso, más estresados estaremos, y las elecciones hechas desde el estrés pueden empobrecer la calidad de nuestro sueño. Una cosa refuerza la otra. Ahora bien, cuando entendamos exactamente que las flechas apuntan en ambas direcciones, y comprendamos mejor cuáles son las elecciones que, tomadas bajo el efecto del estrés, tienen más capacidad de influir en nosotros, podremos penetrar en este ciclo y comenzar a neutralizarlo.

En realidad, te estoy dando una buena noticia, porque lo que te estoy diciendo es que disponemos de dos oportunidades para intervenir. Si podemos mejorar un poco la calidad de nuestro sueño, podremos rebajar el nivel global de estrés que estemos padeciendo. Y si somos capaces de regular nuestras reacciones cuando estamos estresados, o, al menos, de ser conscientes de algunas reacciones que manifestamos frente al estrés, nuestro descanso va a salir ganando. Los efectos colaterales se manifiestan en ambas direcciones.

He visto, tratando a los pacientes que acuden a nuestra clínica del sueño, que los resultados obtenidos mejoran si adoptamos este enfoque: conseguir que oscile un poco más la aguja en ambas direcciones. Y, así como el ciclo sueño-estrés puede ser exponencialmente dañino, también puede ser exponencialmente beneficioso si lo usamos en nuestra propia ventaja. Cuanto menos estresados estemos, más coherentes serán las elecciones diurnas que hagamos para no minar nuestro descanso nocturno. Cuanto más durmamos, mayor capacidad tendremos de hacer esas elecciones. Y cuando la cosa ya marche por sí sola, la velocidad que adquiera este proceso puede ser exponencial, como esa piedra que, a medida que cae rodando por la colina, va cobrando mayor velocidad.

Es muy posible que debas cambiar tu vida

Muchas de las personas que acuden a mi clínica porque padecen insomnio descubren que algo se cuece en su estilo de vida que resulta incompatible con un buen descanso. Estamos ante todo un desafío que quizá sea muy difícil de superar, sobre todo cuando tenemos una posición laboral muy concreta, por ejemplo, o cuando las presiones a las que nos vemos sometidos escapan completamente a nuestro control, como, por ejemplo, ante un problema económico o cuando un ser querido ha caído enfermo. No voy a engañarte diciendo que, sea cual sea el obstáculo, todo puede superarse. Pero vale la pena tener en cuenta que vivimos en una sociedad en la que damos una gran importancia al hecho de dormir poco y trabajar mucho, y que este factor tiene una gran repercusión en muchas de las personas que acuden a mi consulta. Valoramos la productividad e infravaloramos el resto. Y es irónico, porque *ese resto es precisamente lo que más necesitamos para ser productivos, creativos, eficaces e innovadores.*

En líneas generales, la gente duerme muy poco. Y, francamente, esto se está convirtiendo en una epidemia. Además, los desafíos que nos plantea el descanso nocturno no son conceptos abstractos que estén fuera de contexto. Lo que veo en la clínica es que no todos los diagnósticos son acertados. Creemos que el problema es el descanso nocturno cuando, en realidad, el problema es el estilo de vida.

¿Problemas con tu estilo de vida?

El descanso nocturno es el pozo del que sacas tu resistencia. Te proporciona la armadura que necesitas para defenderte de las flechas y las lanzas que la vida te arroja. Por eso quiero decirte que si hay algo en tu vida que te esté causando tanto estrés que esté boicoteando de forma crónica la capacidad que tienes de dormir las horas que necesitas, vamos a tener que gestionar el tema. En la clínica del sueño siempre acabo teniendo estas conversaciones. Mis pacientes responden a unos cuestionarios muy extensos y se llevan a casa unos diarios para escribir con todo detalle lo que hacen durante el día y la noche. Luego, cuando los analizamos y empezamos a trabajar conjuntamente para mejorar la calidad de su sueño, a menudo descubrimos que no existe una causa médica o biológica que pueda explicar la razón de que duerman tan poco. Al contrario, más bien hay como unos «nudos» en su estilo de vida que cuesta mucho ver en un principio, pero que debemos desenmarañar.

Al inicio de este capítulo ya comenté que el cerebro y el cuerpo del ser humano están conformados para gestionar el estrés diurno normal y corriente, y para que podamos enfrentarnos a los desafíos..., eso es así. Es un mecanismo que funciona: el impulso homeostático del sueño y los ritmos circadianos son dos armas muy potentes. Estas herramientas innatas funcionan tan bien que ni siquiera hemos de preocuparnos por ellas; en mi caso en particular, me alegra mucho saber esto y confiar en que las cosas son así. Sin embargo, sometidos a altos niveles de estrés, todos somos susceptibles de padecer interrupciones en nuestro descanso y esos procesos naturales empiezan entonces a tener problemas para inclinar la balanza hacia el país de los sueños. En estos casos, es preciso actuar.

Hay, fundamentalmente, dos cosas que pueden estar en juego cuando los niveles altos de estrés interfieren en nuestro sueño: *el cortisol y el sistema nervioso simpático.*

El estrés que sentimos libera cortisol en nuestro riego sanguíneo. El cortisol es una hormona metabólica que se asegura de que haya una cantidad suficiente de glucosa para el consumo de nuestras células. En esencia, podríamos decir que el cortisol contribuye a regular nuestra energía.

El nivel de cortisol aumenta y disminuye en nuestro cuerpo; lo hace sin cesar, y tiene su propio ritmo circadiano, independientemente del estrés que padezcamos. Es algo normal y sano en todo proceso corporal. Una fluctuación normal del cortisol influye en la disponibilidad de la glucosa que el cerebro y los músculos necesitan. En otras palabras, se exige a los desencadenantes de la energía que liberen el cortisol. *Y el estrés es uno de estos desencadenantes.* Dado que tu cuerpo quiere disponer de una mayor cantidad de energía y obtenerla con suma rapidez (piensa en aquella reacción de «lucha o huida» que algún día podría salvarte la vida; es decir, ante un tigre que te mira fijamente, ¡pies, para qué os quiero!), tu cuerpo recibe un chute de cortisol, por así decirlo. Ahora bien, como ya dije anteriormente, los estresores diarios más habituales (como por ejemplo la densidad del tráfico, una interacción negativa con alguien o una situación laboral de alto voltaje) probablemente no influirán en tu sueño. Tu cuerpo empezará a metabolizar gradualmente ese cortisol cuando el incidente estresante haya pasado y, en líneas generales, bien está lo que bien acaba. Salvo si estás viviendo en un estado de estrés permanente y tu cortisol está por las nubes. Es entonces cuando empiezas a tener problemas para dormir.

El cortisol también contribuye en la manera que tienes de despertarte. Experimentas un pico de cortisol justo al despertar (es la manera que tiene el cuerpo de darte un empujoncito hacia la conciencia para que salgas de la cama y empieces un nuevo día). Tienes un pico de cortisol a primera hora de la mañana, una pequeña explosión de energía pensada para que te muevas (en la mayoría de los casos, esa energía va disminuyendo a lo largo del día). Cuando llega el anochecer, tu cuerpo debería tener un nivel bajo de cortisol, para que así seas capaz de conciliar el sueño al cabo de un par de horas a lo sumo. Sin embargo, las personas sometidas a un estrés crónico tienen unos niveles de cortisol que no descienden de la misma manera. Tienen unos niveles que siguen siendo elevados.

Muchas personas, aun cuando tengan un nivel elevado de cortisol, serán capaces de dormir, porque el impulso homeostático del sueño y el ritmo circadiano son dos elementos fundamentales que ejercen presión y pueden superar muchos obstáculos. Pero es posible que unos niveles muy elevados de cortisol durante el día y al anochecer puedan influir en la hora a la que nos entren ganas de irnos a dormir, y eso termine asociado a un sueño de peor calidad. Sabemos que las personas que se inyectan elevadas dosis de esteroides (como la prednisona) a menudo terminan padeciendo insomnio; el cortisol, en realidad, es un esteroide natural.

Tener el cortisol siempre por las nubes es un ejemplo de lo que podríamos llamar «una fisiología del estrés desregulada». El otro ejemplo es tener un *sistema nervioso simpático* muy reactivo. En un organismo equilibrado y sano, se da una perfecta alternancia entre el sistema nervioso simpático (luchar, huir o quedarse paralizado) y el sistema nervioso parasimpático (descansar y digerir). Para dormir, necesitamos que sea el sistema parasimpático el que se haga con el control. Pero en aquellas personas cuyo mecanismo del estrés está desequilibrado, el sistema de hiperexcitación sigue «encendido» como reacción, y les cuesta mucho más soltarse y relajarse. Tienen una tensión arterial más elevada. Y la variabilidad de la frecuencia cardiaca (VFC), que guarda relación con el sueño de onda lenta, es más baja.

Si vamos por la vida estresadísimos, cuesta mucho desconectarnos del sistema simpático y conectarnos al parasimpático cuando llega la hora de acostarnos, porque seguimos con las pilas puestas y en marcha, en lugar de sentir cansancio. Y no tiene que aparecer un estresor catastrófico para que eso ocurra: tan solo con el estrés básico que supone trabajar hasta la hora de acostarnos puede aparecer este fenómeno. La energía que se necesita (tanto si se trata de producir cortisol como de conectar con el sistema nervioso simpático) no resulta compatible con el sueño.

Volvamos a las preguntas anteriores: ¿qué está pasando en tu vida que te impide disfrutar de una buena noche de descanso?, ¿qué te está causando estrés?, ¿qué puedes hacer al respecto?

Tuve a una paciente que un día vino a la clínica quejándose de que padecía insomnio. No lograba conciliar el sueño por las noches, y le costaba mucho despertarse por las mañanas para llegar a tiempo a su puesto de trabajo. Aquella mujer trabajaba en el sector financiero, tenía un gran interés por hacer bien su trabajo y le preocupaba que la falta de sueño influyera en su rendimiento laboral. Lo primero que hicimos (lo primero que siempre hacemos) fue esclarecer si padecía alguna enfermedad o algún trastorno médico que pudiera ser el causante de su insomnio, pero vimos que no tenía ninguna complicación. Era una mujer joven y sana. Sin embargo, esa misma mujer, cuando terminó de escribir el diario del sueño que le mandé hacer en casa y me lo entregó, me reveló que dormía francamente mal. Para empezar, no dormía lo suficiente. Y su sueño carecía totalmente de estructura. Mi paciente solía dormir la mayoría de los días hasta que sonaba la alarma a las siete menos cuarto de la mañana, pero trabajaba muchas horas, se quedaba despierta hasta tarde y luego batallaba para quedarse dormida cuando se metía en la cama, preocupada por si el sueño llegaría con rapidez y podría descansar las horas que necesitaba. Cuando podía, se iba a la cama muy pronto para recuperar el sueño perdido. Y los fines de semana se quedaba durmiendo hasta media mañana.

El problema que descubrimos fue que su sueño había terminado siendo impredecible. Su cuerpo no sabía a qué hora debía quedarse dormido, y ella tampoco se concedía a sí misma el tiempo necesario para desconectar al final del día. Cuando tus horas de descanso y tu horario diurno no están bien estructurados, el cuerpo no sabe lo que se le avecina. No cuenta con las pistas suficientes para apagar el mecanismo del estrés y generar melatonina. Desorientado por no saber lo que debe hacer en cada momento, tu sistema no baja las revoluciones con el objeto de prepararse para dormir, y entonces sigue funcionando a base de chutes de cortisol, que te mantienen con energía para que superes la jornada laboral que cree que estás viviendo.

«Tu problema no es nocturno —le conté a mi clienta—. Tu problema es diurno».

El *insomnio* es un fenómeno muy interesante. No puedo hacerte una analítica para saber si tienes insomnio o no. Diagnosticamos insomnio sobre todo a partir de lo que nos cuenta el mismo paciente: si este nos dice que, en general, no duerme bien (le cuesta quedarse dormido o permanecer dormido al menos tres noches por semana durante tres meses) y que se siente fatal a pesar de tener la posibilidad de dormir, y su estado no puede explicarse porque esté ingiriendo determinadas sustancias o tenga algún trastorno médico o psiquiátrico, ya tenemos el diagnóstico. La cura es tan vaga como sorprendente. Cuando las personas empiezan a sentirse mejor, duermen mejor y dejan de preocuparse por si dormirán bien; y eso quiere decir que están entrando en remisión. Puede que duerman mejor, que duerman más horas o más profundamente, pero también puede significar que su sueño sea más predecible y les cueste menos dormir bien, que el hecho de acostarse no les provoque tanta ansiedad. Para la mayoría —para una amplia mayoría, en realidad, de pacientes que vienen a la clínica buscando ayuda para combatir su insomnio—, el auténtico problema es que no gestionan bien su jornada: viven con demasiado estrés, realizando demasiadas actividades. Sus días son impredecibles porque son muy ajetreados. Un día se saltan las comidas, y al otro se quedan despiertos hasta muy tarde. Sin estas señales (*zeitgebers*, como dijimos en el capítulo del día 1), la mente y el cuerpo, a la hora de acostarse, están sumidos en el desconcierto. El sueño es lo último en lo que se les ocurriría pensar, y es irónico, porque la mayoría de los pacientes que padecen insomnio me dirán que pasan mucho tiempo dándole vueltas al tema del sueño (o, más bien, de la falta de sueño).

Con esta paciente en concreto, empezamos por inventarnos un horario flexible al que pudiera aferrarse. A pesar de que teníamos mucho espacio de maniobra, ella debía esforzarse en intentar alcanzar los mismos objetivos cada día en lo que respecta a la hora de despertarse, de comer y hacer ejercicio, y de cerrar el ordenador por la noche. Lo que vimos fue que su trabajo era tan exigente que estaba consumiendo su capacidad para acostarse y proteger el tiempo que dedicaba al descanso. Le costó mucho hacer el cambio: tenía unas fechas que cumplir y, si se las saltaba, redundaría en su propio perjuicio. Parecía que no había manera de que pudiera renunciar a nada en concreto. Pero si hay algo crítico que hay que entender es que si vas falto de sueño rindes menos. Disminuye tu capacidad de pensar con rapidez y creatividad. Te cuesta mucho más mantener la atención y estar centrado; vas más lento y no eres tan eficiente. Sé que resulta contradictorio, pero es cierto. A veces, la mejor manera de hacer algo que es urgente es no hacerlo inmediatamente, sobre todo si ese «hacerlo inmediatamente» significa hacerlo a última hora de la noche, pasada ya la hora de acostarse.

Le dije a mi paciente que debía sopesar de nuevo la vida

que llevaba. «Yo, en esto, no te puedo ayudar —le expliqué—. Busca la manera de encontrar más tiempo para dormir... O acepta que, llevando este estilo de vida, siempre irás falta de sueño. Y luego vive como mejor puedas».

Al final, la intervención que puso punto final a su problema fue decidir que debía cambiar de empleo. ¡Y lo cierto es que cambió! Optó por hacer un cambio laboral y se buscó un empleo en otra empresa que era menos rígida y estaba más centrada en general en el bienestar y la vitalidad de sus empleados.

No te preocupes... ¡No estoy diciendo que ahora vayas y te busques otro empleo! Lo que sí te digo es que si pruebas todas las estrategias de este libro y ves que sigues batallando con el tema, vale la pena que te plantees si no deberías cambiar tu estilo de vida. Tener problemas crónicos de descanso podría ser ese chivato que nos está diciendo que algo no funciona..., y no estoy hablando (solo) de la rutina que sigues a la hora de acostarte. Si estás durmiendo menos de lo habitual porque tus días son muy estresantes o tu vida laboral es rígida y exigente, vale la pena que te plantees tu situación con más calma. Tal como descubrió mi paciente, la falta de sueño se acumula, y va aumentando a lo largo de la semana sin que dejemos de engañarnos noche tras noche. Y aunque parezca que deberíamos ser capaces de recuperar ese sueño perdido durmiendo unas horas de más cuando tenemos la oportunidad de hacerlo, por desgracia el mecanismo no funciona así. No puedes recuperar tus horas de sueño, y tampoco puedes acumularlas.

No pretendo ser pájaro de mal agüero; si pasas una mala noche y duermes poco, tu cuerpo seguramente lo compensará al día siguiente. Te despertarás con tu balón de sueño un poco hinchado, pero siempre podrás echarte una siesta o acostarte temprano. Sí, todo eso está muy bien, ya lo sé; y no hay por qué preocuparse. Pero a lo que yo me refiero es a los casos crónicos, a la falta de sueño habitual causada por la rutina, los hábitos o las exigencias del trabajo. Siempre que salgo con gente oigo que todos dicen que ya dormirán más el fin de semana para compensar las horas perdidas de sueño; y yo me quedo callado a sabiendas de que no es así como funciona el sueño, sabiendo que terminarán confundiendo su ritmo circadiano y repitiendo el mismo ciclo de acostarse tarde y sentirse cansados al día siguiente cuando comience la siguiente semana.

De todos modos, y antes de hacer cualquier cambio drástico, intenta probar primero con algunas estrategias sencillas. Son tácticas que cualquiera puede incluir en su jornada, por muy atestada que esté.

Arreglar tu problema diurno

En la National Basketball Association (NBA), los atletas y sus entrenadores saben que los primeros solo pueden jugar unos cuantos minutos en cada partido si quieren superar la temporada en perfecta forma física. Es lo que denominan *gestión de la carga*. Todos deberíamos pensar en la gestión de la carga de nuestras propias vidas cuando se trata de llevar un buen ritmo.

La mujer de la que te hablé (la que terminó cambiando de trabajo para poder sobrellevar mejor su vida) es uno de los casos clásicos que tratamos en la clínica. Se trata, en general, de personas atareadas, muy presionadas por los horarios, que van forzadas al límite por una combinación de trabajo, obligaciones familiares u otras responsabilidades. Arrastran una falta de sueño considerable. Incluso podrían estar metiéndose (consciente o inconscientemente) en lo que se está empezando a llamar *retraso en la hora de acostarnos por venganza*, que significa que las personas optan por acostarse más tarde de lo que deberían en un esfuerzo por dedicarse algo de tiempo a sí mismas tras haber vivido una jornada repleta de obligaciones y quehaceres. El retraso en la hora de acostarse por venganza es un concepto relativamente nuevo, pero que ha inspirado una avalancha de artículos, e incluso de estudios científicos, porque parece que en todas partes hay personas que empiezan a reconocer que tienen este problema. Los psicólogos y los investigadores que han estado observando este fenómeno creen que el retraso en la hora de acostarse por venganza se da cuando las personas necesitan ejercer el control de su propio tiempo. Cuando sus excesivamente cargadas jornadas escapan de su control porque van empalmando un quehacer tras otro, necesitan tener un tiempo para sí mismas y lo buscan de noche.

Quizá la lucha que estés librando tras haber tenido un largo y ajetreado día de trabajo sea porque tienes un estrés demasiado elevado. Quizá se trate de que, inmerso en el ciclo negativo y exponencial de haber dormido poco y, como consecuencia, estar expuesto a un mayor nivel de estrés, hagas unas elecciones durante el día que, por la noche, saboteen tu sueño. Quizá sientas que tu día se descontrola y reclames un tiempo personal por la noche. Sea como sea, la solución es siempre la misma: tómate tus descansos. Y me refiero a unos descansos de verdad, aunque sean cortos. Olvídate de las pantallas y del teléfono, y haz algo que te resulte relajante, refrescante o alegre. No te diré lo que tienes que hacer, porque eso varía para cada persona. Esto es, precisamente, lo que les digo a mis pacientes cuando vienen a la clínica del sueño: «Esta es la receta que te extiendo. Haz lo que te digo y *milita por tu causa*. Plantéatelo como si te estuviera dando una medicación que debes tomarte sin excusa que valga».

Los descansos pueden ser breves, de entre cinco y quince minutos; lo que necesites. Pero hazlos. Haz una pausa para almorzar. Ve a dar un paseo. Tómate un café al sol. Ponte la alarma y medita. Hay personas a las que les da rabia que les aconsejen que mediten (porque parece que ahora se le recomienda a todo el mundo), pero hay buenas razones que justifican la meditación, y una de ellas es que funciona. Las investigaciones demuestran que una meditación consciente puede proporcionar una reparación parecida a la que nos brinda el sueño. Y si tenemos esta información es porque resulta que las personas que meditan regularmente (y que llevan haciéndolo desde hace mucho tiempo) no necesitan dormir tanto por la noche.[14] En teoría, quizá necesiten dormir menos debido a los procesos cerebrales que se desencadenan durante la meditación y que imitan algunos de los procesos que realizamos durmiendo. La meditación alivia el estrés a muchas personas, y puede ofrecerles una pequeña dosis de ese descanso reparador que nos brinda el sueño.

En resumen, no puedes ir todo el día dale que dale. No podemos ir con las pilas puestas todo el día y luego desenchufarnos por la noche. El cuerpo no funciona así, y el cerebro, tampoco. Tu manera de vivir el día a día es la causante de todos los problemas; es la razón de que termines con un nivel muy elevado de cortisol, con el sistema nervioso simpático más activado de lo que debiera o con un deseo subconsciente de quedarte despierto hasta muy tarde. Date permiso y recupérate un poco. Paso a paso se llega muy, pero que muy lejos. Y no olvides que puedes tardar unos cuantos días en ver el resultado; recuerda que estás imprimiendo una leve oscilación a tus niveles en ambas direcciones. Piensa en ello como si se tratara de rebajar tu termómetro del estrés, por así decirlo; si no dejas que suba demasiado durante el día, luego, cuando tengas que acostarte, no tendrás que esforzarte tanto en conseguir que baje su temperatura. Si rebajamos un poco esa temperatura, veremos que es más fácil gestionar nuestros días y mantener la temperatura baja. Puede que no lo consigamos de la noche a la mañana, pero, así como la naturaleza cíclica del ciclo sueño-estrés puede obrar en tu contra, también puede hacerlo en tu favor.

EL EJERCICIO DE HOY

MICRODESCANSOS PARA LIBERARNOS DEL ESTRÉS

Hoy plantéate tu jornada en toda su extensión… y la semana que tienes por delante. Plantéate la semana como un todo. Piensa en la manera de espaciar tus responsabilidades para que no se sobrecargue en exceso una determinada franja horaria. Y recuerda que una de tus responsabilidades es cumplir contigo mismo: tomarte el tiempo necesario para dormir y hacer pausas. Esta dinámica puede servirte para planificar bien y establecer unas expectativas razonables sobre las fechas de entrega de tus trabajos y otros quehaceres que son importantes para ti y para los demás.

¡Puedes lograr tantas cosas! Proponte hoy mismo, y durante toda la semana, llevar un ritmo que proteja el tiempo que dedicas a dormir, y que mantenga ese termómetro del estrés del que hablábamos a un nivel razonable, para que lo puedas gestionar. Si hoy no terminas demasiado alterado, te resultará mucho más fácil desconectar por la noche.

Recuerda que cualquier día de estos se le exigirá lo imposible a tu tiempo. Plantéate la jornada lo mejor que puedas, y empieza a restringir la posibilidad de ir generando «deuda» en tu sueño. No existe ninguna cuenta corriente donde puedas guardar el sueño, por lo que no puedes ahorrar nada bajo ese concepto. Se te puede dar bien compensar tu falta de sueño, pero cuanto mayor sea la deuda de sueño que hayas contraído, más difícil te resultará.

Hoy empezaremos haciendo un importante cambio mental y priorizaremos el sueño. Nos hemos creído esa idea que dice que durmiendo no se gana dinero, pero es justo al revés. El sueño te prepara para triunfar. Es una de las fuerzas invisibles que actúa en nosotros, aunque cueste verla. Nos acostumbramos a estar cansados, a actuar bajo mínimos. No nos damos cuenta sencillamente de lo eficientes que podemos llegar a ser ni de nuestro grado de implicación cuando nos damos la oportunidad de tomar esa medicina restauradora y esencial todas las noches.

Y eso significa allanar el camino para darnos un auténtico respiro.

Es difícil que el estrés activado de una manera crónica desaparezca por las noches. Sometemos a demasiada presión a las estrategias nocturnas para desembarazarnos de los riesgos que hemos corrido durante el día. Debes tomarte tu tiempo durante la jornada, encontrar unos momentos para la relajación, la recuperación y la alegría. Incluso en los días más atareados se te presentará una oportunidad. No la desaproveches.

Las normas

Tu objetivo de hoy es el siguiente: tómate cinco microdescansos a lo largo del día. Pueden ser de cinco, de diez o de quince minutos de duración. O más, si dispones de la posibilidad.

Para prepararte, escribe una lista rápida de lo que vas a hacer durante esos descansos. Voy a proponerte algunas actividades. Puedes hacer una meditación de cinco minutos (bájate una aplicación, como Headspace, si quieres que sea guiada). Da un paseo de diez minutos. Escucha durante quince minutos tu pódcast favorito. Ponte la lista de tus canciones preferidas y da una vuelta a la manzana. Sal, que te dé el aire, o arranca las malas hierbas del jardín cuando luzca el sol, si eso te relaja y satisface. Elige tú, porque es a ti a quien van dirigidas todas estas actividades.

Escoge una de las dos maneras que tienes de responsabilizarte de encontrar un momento para descansar:

1. **Pon la alarma.** Programa cinco alarmas distintas en tu teléfono para que se activen en los momentos que hayas elegido. Cuando se dispare la alarma, deja lo que estás haciendo (en la medida de lo posible) y dedícate a una de las actividades que habías planeado para descansar.
2. **Ancla tu descanso a algo que ya haces en tu horario habitual.** Los especialistas en ciencias de la conducta proponen esta táctica como una manera rápida y efectiva de añadir un elemento nuevo a tu rutina. Amarra tu pausa a algo que hagas rutinariamente. Por ejemplo, cada vez que vayas al baño, tómate una pausa después. O hazlo cada vez que respondas un correo electrónico (claro que, en este caso, dependerá mucho de la cantidad de correos que recibas).

Comprométete a hacer esta tarea cada día, durante toda la semana. Pruébalo hoy mismo, pero también mañana, y pasado mañana. Con suerte, al final de la semana, esa actividad ya se habrá inserido en tu rutina hasta el punto de que saldrás beneficiado de todo ello y no perecerás víctima de la falta de tiempo. Y, como siempre, piensa que vale la pena: el sueño representa una inversión para tu productividad, tu creatividad y tu felicidad futuras.

DÍA 3

ACTÍVATE, PERO HAZLO BIEN

¿Cómo te sientes en general a media tarde? ¿Un poco cansado? ¿Bostezas, miras el reloj e intentas recuperar la concentración? Quizá estás en plena jornada laboral y todavía te queda mucho por hacer, pero vas superbajo de energía y te preguntas si no se deberá a la hora que has elegido para almorzar, o a que no has dormido bien la noche anterior. Quizá necesites un tentempié para que suba tu nivel de azúcar en sangre, o te pones a pensar si no te convendría más tomarte otra taza de café.

Esta planicie donde circula una energía muy baja en la que, en general, nos situamos a media tarde es lo más normal del mundo. Está preprogramada en nuestro ritmo circadiano. Hemos hablado largo y tendido del tema en el capítulo anterior, y por eso deduzco que ya sabes que tu reloj interno libera cortisol por las mañanas, para darte un subidón, y luego te encasqueta el gorro de dormir de la melatonina por las noches, para que te vayas relajando. Ahora bien, este reloj interno va llevando el compás durante las veinticuatro horas que constituyen el día y la noche. Y siempre está tomando decisiones.

No todos somos exactamente iguales, por supuesto, pero la mayoría seguimos un patrón básico: después de despertarnos, el nivel de alerta empieza a subir hasta alcanzar su pico un par de horas después. A primera hora de la tarde (que, para la mayoría, serían sobre las tres o las cuatro aproximadamente) el ritmo circadiano empieza a bajar. Los niveles de nuestros estados de alerta y de activación disminuyen, y alcanzan su punto más bajo sobre las seis de la tarde. Luego se da la vuelta al asunto y estos mismos niveles vuelven a elevarse otra vez, hasta alcanzar su segundo pico a última hora de la tarde, sobre las ocho más o menos, hora a partir de la cual comienzan a bajar otra vez.

Tú ya conoces cuáles son tus propios ritmos y eres más capaz que yo de ajustar estos tiempos medios con mayor precisión para que reflejen bien tu propio ritmo circadiano. Si eres una persona de mañanas, notarás antes el cambio de rumbo; si eres un ave nocturna, lo notarás más tarde. Pero has de saber que tu reloj interno está programado para que tu cuerpo haga estas bajadas. Por eso, y hasta cierto punto, el amodorramiento y torpor que notas por la tarde sencillamente es una tendencia humana inevitable, y además forma parte del ciclo biológico de tu jornada diurna.

Sin embargo, si tienes problemas para dormir, quizá sea porque las repercusiones que tiene haber dormido poco, o haber dormido mal, te están pasando factura. ¿Recuerdas ese globo inflado de sueño que empieza a hincharse en el momento mismo en que tus ojos se abren de golpe? Bueno, pues si eres una persona que duerme de manera interrumpida, o se despierta demasiado temprano, ese globo podría estar muy hinchado a media tarde. Cuando nos embargan la somnolencia o la pereza a mitad de la jornada, y tenemos la energía tan baja que afecta a nuestra capacidad de disfrutar o de terminar lo que debemos hacer, buscamos alguna estrategia que nos active y nos saque de ese bajón para poder finalizar bien el día. Hay algunas estrategias que son fantásticas, pero otras son potencialmente capaces de rellenar tu cupo de sueño mucho antes incluso de que el sol se ponga. Hablemos, por consiguiente, de los pros y los contras que tiene la gestión de ese bajón de la tarde.

La magia transformadora de la cafeína

Confieso que me encanta el café. Empiezo todas las mañanas tomándome una taza. Y cuando me instalo bien para centrarme en un asunto importante, me tomo otra. Cuando noto que me falta energía y necesito un reconstituyente, le doy al café. Me gusta el café por goteo tanto como el expreso, aunque me doy por satisfecho con el de cápsulas. Lo único que quiero es que esté caliente, y que, gracias a eso, la bienamada cafeína penetre en mi riego sanguíneo y se abra paso hasta mi cerebro lo más rápida y humanamente posible. Sin embargo, soy un científico que se ha especializado en el sueño. He estudiado, de cerca y en carne propia, el impacto que tiene la cafeína en el cerebro, y también en los ciclos nocturnos del sueño. *Sé exactamente cómo interactuará químicamente en mi cerebro* y que interferirá en los procesos de mi sueño nocturno. Y, aun así, me sirvo otra taza más.

Tanto si estás en mi caso y eres un apasionado consumidor de café como si no, piensa que en el mundo vivimos inundados de cafeína. Hay cafeína en el té y en los refrescos que tomamos. Contamina tentempiés y golosinas. Hay estudios que demuestran que aproximadamente el 85 % de la población estadounidense consume, al menos, una bebida con cafeína al día.[1] En general, todos vamos con un chute de cafeína por la vida. Estamos muy despiertos. Quizá demasiado despiertos, diría yo...

¡Nada nuevo bajo el sol! Los seres humanos llevamos recurriendo a la cafeína como estimulante desde muy antiguo. Y las historias sobre el descubrimiento de la cafeína se encuentran presentes en todas las culturas. En China, dice la leyenda que, alrededor del 2740 a. C., el emperador, a quien le gustaba hervir el agua de sus bebidas para esterilizarla, un día reparó en que una hoja de un arbusto silvestre cercano traída por el viento había ido a caer en su taza. El emperador se bebió esa infusión y se sintió tonificado; y así nació el mito del té. En Etiopía, un pastor de cabras se dio cuenta de que cuando su rebaño se comía las bayas de un arbusto en particular, se negaba a dormir y parecía vibrar de pura energía. Decidió comunicar sus observaciones a los monjes del monasterio que habitaban en su poblado, y estos prepararon una infusión a partir de esas bayas. Los monjes descubrieron que la bebida resultante los mantenía despiertos durante sus largas noches de plegaria. Por otro lado, en lo que actualmente conocemos como México, los antiguos olmecas preparaban una bebida amarga y muy energética con habas de cacao, que, mucho después, convertirían en chocolate los colonos que los invadieron mezclándola con azúcar para hacerla más agradable al paladar. Un millar de años después, a principios del siglo XIX, un químico alemán llamado Folger von Starbuck (¡te estoy tomando el pelo...!, en realidad, el químico en cuestión se llamaba Friedlieb Ferdinand Runge) aisló el componente químico que se ocultaba tras la chispa de energía que la gente obtenía consumiendo plantas como el té, los granos de café, la nuez de cola y el mate, entre muchas otras, y *se dio cuenta de que era un alcaloide* al que llamó *cafeína*, nombre que obtuvo de la misma palabra que se usa en alemán para designar el café.

En la actualidad, el café es una de las bebidas más consumidas del planeta. La Organización Internacional del Café elaboró un informe en el que estableció que en todo el mundo se consumieron 166.346 sacos de café de sesenta kilos entre 2020 y 2021, que equivaldrían a unos 1,4 billones de tazas[2] (otro indicador que apunta en la dirección de que esta cultura en la que vivimos premia ir por la vida siempre con las pilas puestas, estar despierto y no parar ni un minuto). Justo ahora, en el preciso instante en que estás leyendo estas mismas palabras, se están consumiendo en todo el mundo veintiséis mil tazas de café. Un segundo más tarde, se consumirán veintiséis mil tazas más. Y, al cabo de otro segundo, se repetirá la misma situación. ¿Te imaginas?

La cafeína es la sustancia psicoactiva de la Tierra más consumida en todo el mundo, y es natural al cien por cien. Hay investigadores que creen que las diferentes plantas que evolucionaron para producir cafeína, que como decía es una clase de alcaloide, lo hicieron con el propósito de sobrevivir: las hojas que caían de los árboles y contenían cafeína convertían la zona en un terreno menos hospitalario para las plantas competidoras; la cafeína repele a determinados insectos que podrían convertirse en depredadores de las plantas y, por último, existe una relación simbiótica entre los animales y las plantas que contienen cafeína. Las abejas que polinizan una planta productora de cafeína son presa de un fantástico mareo que no olvidan jamás, y por eso regresan de nuevo a ella, ayudándola en su empeño de reproducirse de nuevo; los seres humanos, que terminaron siendo cautivos de la cafeína, cultivaron y cuidaron de esas plantas. En el fondo, es cierto que seres humanos y plantas productoras de cafeína se han ayudado mutuamente a prosperar (al menos, a mí me han ayudado).

¡No hay nada de malo en la cafeína! Esto es así. De hecho, en realidad, hasta podría ser saludable. Hay estudios que han descubierto que el café contiene diversos antioxidantes y algunas propiedades antiinflamatorias que podrían protegernos de las enfermedades; beber café se asocia también a un menor riesgo de padecer enfermedades coronarias, alzhéimer y diabetes tipo 2.[3] Por eso te digo que si tú, como yo, eres un entusiasta del café, o te encanta experimentar ese impulso energizante de la cafeína bebiendo té verde o tomándote un refresco de cola helado y sin azúcar, te encantará lo que voy a decirte: no te diré que dejes de tomar cafeína. Lo que te diré, en cambio, es que te impongas un horario y que, a partir de una determinada hora, no la pruebes. Porque lo que sucederá es que, si haces bien todo lo que te propongo en este libro pero sigue habiendo cafeína en tu organismo cuando intentas conciliar el sueño, nada de lo que hagas te servirá.

Cuando tomas un sorbo de esa bebida que tanto te gusta y que contiene cafeína, lo que sucede es lo siguiente: *¿recuerdas esa sustancia que hay en tu cerebro, llamada adenosina, ese neuroquímico que provoca la somnolencia?* Bueno, pues la cafeína, en realidad, tiene una estructura química muy similar a la adenosina. Es capaz de engañar esencialmente a los receptores de adenosina de tu cerebro y bloquear su absorción. Por consiguiente, tu cuerpo seguirá generando adenosina..., pero la cafeína que hayas consumido se habrá unido a los receptores de la adenosina y anulado la sensación que puedas tener de sueño. Es una manera fantástica de mantenerte en estado de alerta cuando lo necesitas. Por otro lado, de todos es bien sabido que se realizan rituales de relajación con café, el té, el mate y otras bebidas que son muy beneficiosas en otros aspectos. Pero eso no impide que esa adenosina se siga generando, lo que significa que, cuando la cafeína empiece verdaderamente a desaparecer, sufriremos un *choque cafeínico.*

Bien, pues resulta que ese es el momento exacto en que muchos nos decidimos a tomar otro café. Pero antes hemos de consultar el reloj para saber qué hora es. Comparada con otras sustancias químicas, la cafeína tiene una semivida bastante larga. *Semivida* es un término extraído de la física nuclear, y se usa para describir el tiempo que tarda un material radioactivo en rebajar a la mitad su potencia original. En el caso de la cafeína, la pregunta que nos hacemos es cuánto tiempo sigue presente en el organismo la mitad de la cafeína que ya hemos consumido. La semivida de la cafeína es de unas seis horas. Por lo tanto, haciendo un sencillo cálculo, podemos decir que, si a las cinco de la tarde* te tomas un café de Starbucks tamaño grande, que contiene 330 miligramos de cafeína, para combatir el bajón que te da por las tardes, a las once de la noche unos 165 miligramos de cafeína seguirán circulando por tu organismo. Aproximadamente, es el equivalente a dos cafés cortos. Pongamos que consigues quedarte dormido con toda esa cafeína luchando por hacerse con el control de la adenosina de tu cerebro. Probablemente dormirás más inquieto, y tu sueño no será tan reparador: la química del sueño nocturno se habrá esfumado como por arte de magia.

* En el original se habla de tomarse un café a las tres de la tarde y de acostarse a las nueve de la noche basándose en los horarios que se siguen en Estados Unidos. He adaptado la opción de tomar el último café a las cinco de la tarde y acostarse a las once de la noche. Es el equivalente de las seis horas que la cafeína permanece activa en nuestro organismo. *(N. de la T.).*

Ahora bien, todo eso es muy fácil de arreglar: sé consciente del momento en que te vas a tomar tu última bebida con cafeína. Piensa que la cafeína puede tardar hasta diez horas en desaparecer por completo de tu organismo. Por lo tanto, haz tus cálculos a partir de la hora en que vas a acostarte y date cuenta de que la cafeína quizá no sea la mejor estrategia para darte ese impulso que necesitas cuando te viene el bajón que todos tenemos a media tarde. Yo intento portarme bien, y tengo fama de mirar el reloj antes de tomarme otra taza de café. Trágico, lo admito, pero necesario también.

¿Y SI ME ECHO UNA SIESTA?

Algunos de los colaboradores con los que trabajé durante la pandemia de la COVID-19 me han hablado de la vertiente positiva que tuvo todo aquello para ellos: poder echarse una siesta tras haber pasado una mala noche. Cuando trabajas desde casa, tienes la oportunidad de echarte en el sofá, cerrar los ojos y dejarte mecer por el sueño en ese momento de la tarde en que te sobreviene el sopor. Y, debido a la flexibilidad horaria de la que muchos gozamos (que es una espada de doble filo, no te lo negaré, porque la gente ha comprobado que las horas de empezar y terminar la jornada laboral suelen ser más tempranas por la mañana y más tardías por la tarde), fue más posible hacerlo. Ahora bien, ¿es una buena idea?

Los datos que vamos obteniendo nos dicen que, durante la pandemia y en el caso de determinadas personas, *el número de horas que pasaban durmiendo aumentó* (quizá porque al suprimir los viajes de ida y vuelta a la empresa podían dormir un poco más). De todos modos, *el efecto colateral fue que la calidad de su sueño fue peor.*[4] Es cierto que las personas dormían más, pero dormían a trompicones, inquietas, sin alcanzar ese sueño reparador que buscaban, quizá debido a los picos de estrés, ansiedad y depresión que vinieron aparejados con la COVID, una época de incertidumbre como pocas hemos llegado a vivir jamás. Es irónico, pero, de repente, todos pudieron dormir las horas de sueño que siempre se recomiendan, que son entre siete y nueve. Ahora bien, no bastaba con cumplir con el número de horas. El sueño tenía que ser reparador. Para que el lavavajillas del cerebro limpie bien todos los desperdicios metabólicos y luego nos quedemos descansados y en alerta, el sueño tiene que pasar por todos los ciclos, como cualquier lavaplatos que se precie. Saltarse estos ciclos, o interrumpirlos, que es lo que suele pasar cuando se vive con estrés, resta eficacia al proceso entero. Las estrategias para gestionar el sueño interrumpido vienen a continuación, pero, por el momento, vamos a necesitar primero recuperarnos de este bajón de la tarde, porque puede ir a más si hemos dormido mal. Es decir, ¿es sano echarse una siesta?

¡Claro que lo es! Pero, si lo haces, hazlo bien. Lo que sucede con las siestas es que se ha demostrado que potencian el estado de alerta. La necesidad de echarse un sueñecito puede ser la señal que se envía al cuerpo para decirle con toda la franqueza del mundo que necesita aliviar un poco la presión que ejerce en él el sueño, y que necesita recuperarse un poquito más para que tú puedas alcanzar tu pico cognitivo y terminar de pasar bien el día. La siesta puede hacerte bien. Lo que debes plantearte es si afectará a tu sueño nocturno.

Cuando los pacientes que sufren insomnio vienen a la clínica, para empezar les preguntamos invariablemente si se echan una siesta, y si es así, cuánto tiempo duermen y si duermen profundamente. Una de las primeras cosas que decimos a las personas que padecen insomnio es que no hagan la siesta. Las personas que tienen dificultades para conciliar el sueño, lo primero que deben hacer es conservar la presión que el sueño ha estado ejerciendo en ellas durante todo el día y reservarla para cuando vayan a acostarse. Piensa en la siesta como si fuera ese poco de aire que dejamos escapar de un globo que el sueño ha estado hinchando a toda presión. Es muy posible que te despiertes de la siesta sintiéndote animado y más recuperado, pero piensa que luego tendrás que rellenar ese globo otra vez si quieres volver a conciliar el sueño por la noche.

A aquellos a quienes les cuesta mucho dormirse por la razón que sea, el consejo general que les doy es que no se echen la siesta. Pero si eso es lo que te está pidiendo el cuerpo, intenta que no supere los veinte o treinta minutos, porque esa es la duración perfecta que debería tener tu sueñecito. ¿Por qué no hemos de dormir más? En primer lugar, si no duermes demasiado, te aseguras de que no vas a cobrarte las horas de sueño que le corresponderían a tu descanso nocturno; y, en segundo lugar, si interrumpes tu siesta al cabo de media hora, en general eso es garantía de que no entrarás en un sueño profundo, conocido también con el nombre de sueño N3.

Vamos a detenernos unos instantes para hablar de la *arquitectura del sueño*, que es el término que utilizamos en la ciencia de dormir bien para referirnos a la estructura que tiene tu sueño.

El plan de acción de tu sueño

Tu sueño tiene un plan de acción, y sigue un patrón predecible. A lo largo de la noche, lo clásico es que pases entre cuatro y seis ciclos de sueño. Y en cada uno de estos ciclos, que experimentes dos clases de sueño: el no REM (NREM) y el REM. *REM* significa, en inglés, *«movimientos oculares rápidos»*. El nombre no es perfecto, ya lo sé, pero la razón de que jerarquicemos el sueño es porque estas dos clases de sueño cumplen con unas funciones muy distintas.

El sueño NREM es el primero que nos sobreviene. Cuando caemos dormidos, entramos en el primero de los tres estadios del sueño NREM, el estadio N1.

El estadio del sueño N1 es ligero. El sistema sensorial no está demasiado desconectado del mundo, y todavía puedes percibir sonidos y estímulos alrededor. Además, despertarse no cuesta nada. A continuación, lo que haces es entrar en el estadio N2.

El estadio N2 se caracteriza por lo que llamamos *husos de sueño*, que son unas ráfagas cortas de actividad cerebral que se dan mientras estás durmiendo. El cerebro, mientras duermes, en realidad está muy activo. Tu cerebro no se está tomando un respiro; tan solo está en un modo distinto. En el estadio N2, estas ráfagas neuronales, que pueden verse con un electroencefalograma, son la señal de que se está dando una actividad cerebral que va ligada al aprendizaje: Creemos que es en esta fase cuando reproducimos, consolidamos y establecemos nuevas conexiones.

Finalmente, llegamos al estadio N3, que es un estadio al que llamamos «de ondas lentas». Es el sueño profundo y restaurador. Y también es la fase en la que cuesta más despertarse; si te arrancan del sueño de ondas lentas, te va a costar mucho volver a entrar en él.

La fase REM es la última. Después de haber pasado por el ciclo de los tres estadios del sueño NREM, entras en el sueño REM, denominado así por los movimientos oculares que caracterizan esta fase. Es el momento en que soñamos. Ya has salido de la fase del sueño de ondas lentas; tu sueño es más ligero y te acercas más al estado de la conciencia. Sin embargo, te ves afectado por una atonía muscular, que es una especie de parálisis del sueño, que te impide levantarte de la cama y representar lo que estás soñando.

La duración de cada una de las fases del sueño va cambiando a lo largo de la noche: a primera hora de la mañana, cuando estás a punto de despertarte, tu sueño NREM se acorta, y tu sueño REM se alarga más. Cuando te despiertas de manera natural tras haber completado un ciclo entero de sueño, quizá recuerdes lo que has soñado, y eso es porque tu ciclo del sueño (cuya duración es en promedio de unos noventa minutos en total) a menudo termina con el sueño REM. Cuando te despiertas por la mañana, lo más probable es que justo antes estuvieras soñando.

Estos ciclos son dinámicos, van intercambiándose a medida que avanza la noche y en función de la persona. No somos robots. Pero lo que sí sabemos es que, si estás haciendo la siesta y entras en el sueño de ondas lentas, cuando te despiertas, en lugar de sentirte mejor, te sientes peor. Cuando nos despertamos en pleno sueño profundo, cognitivamente estamos confusos y aletargados. Este estado recibe el nombre de *inercia del sueño*. No siempre alcanzamos el sueño profundo tras unos veinte o treinta minutos, pero cuando vamos faltos de sueño, tendemos a entrar mucho más rápidamente en el sueño de ondas lentas.

Si de verdad necesitas hacer la siesta, hazla. Ponte la alarma al cabo de veinte minutos y... adelante, duerme. Nadie mejor que tú conoce tu cuerpo, la necesidad que tienes de dormir y tus horarios. Pero, francamente, si vinieras a mi clínica y me dijeras que te está costando mucho conciliar el sueño, lo que yo te diría es que evitaras dormir la siesta. Te aconsejaría que te guardaras ese sueño que notas que te está presionando para cuando llegara el momento de acostarte por la noche. Te diría que no te sirvieras esa taza de café que te tomas a última hora de la tarde —o de té, para el caso lo mismo da—, y yo tampoco me tomaría el mío, como tú. Esto es lo que aconsejo a la gente que haga en lugar de la siesta.

Estimúlate gracias a una cabezadita por la tarde... sin sabotearte la noche

Tu ritmo circadiano podría dejarte un poco abatido por la tarde; y no se puede hacer nada al respecto. Si te cuesta mucho quedarte dormido, dormir seguido o tener un sueño reparador, piensa que tu deuda de sueño va a la zaga, pisándote los talones, en ese preciso instante. Por eso quiero explicarte primero alguna que otra estrategia general y de cambio de mentalidad que podría servirte de gran ayuda para luego entrar a fondo en el ejercicio de hoy.

En primer lugar, **optimiza tu horario hoy mismo**. Piensa en la manera en que puedes estructurar tu jornada para aprovechar mejor los picos de alerta y quitarte la presión que sientes durante el bajón circadiano. Cuando eres capaz de precisar los subidones circadianos que te ponen en alerta y te dan energía, puedes planificar tu jornada para aprovecharlos al máximo. Intenta abordar las cosas que te exigen un mayor esfuerzo cognitivo durante los subidones naturales de energía que todos experimentamos. Si tienes que mostrar tu vena creativa y concentrarte, prestar mucha atención o pensar y darle vueltas a algo en concreto..., ¡aprovecha el subidón! Resérvate todo el trabajo improductivo que debas hacer y las tareas que no requieran tanto esfuerzo para rellenar esos momentos en que te sientes bajo de energía. Los que entienden bien cómo funcionan estos ciclos circadianos se llegan a tomar incluso una larga pausa a media tarde, y luego vuelven a retomar el trabajo creativo o estratégico al caer la tarde, cuando se ven capaces de aprovechar el segundo subidón energético (lo único que debes procurar es no seguir en la misma onda hasta que llegue la hora de acostarte; ya trataremos este tema más a fondo).

Otra técnica que funciona muy bien (y no me odies por ello) **es la meditación**. Ya hablamos de ella en el capítulo anterior (sobre todo, de la meditación consciente, basada en la atención plena, o *mindfulness*) como una herramienta muy eficaz para impedir que tu estrés vaya en aumento a lo largo del día. También dije que los meditadores experimentados curiosamente parecen necesitar dormir menos que la media de la población, debido, según piensan los investigadores, a que los estados cerebrales que observamos durante una meditación imitan el sueño de ondas lentas que resulta tan reparador. En otras palabras, una breve sesión de meditación no solo es capaz de aliviar tu estrés, sino que además puede dejarte tan descansado como si te hubieras echado una siestecita. Cuando pensamos en la meditación, en general nos imaginamos a alguien sumido en una especie de estado tranquilo, lento, como si estuviera en pausa, pero, de hecho, la meditación es muy activa mentalmente y puede procurarle mucha energía a tu organismo.

Siguiente paso, **mueve el cuerpo**. Admito que no es lo primero a lo que recurro cuando necesito un reconstituyente. Preferiría apretar el botón de mi cafetera y disfrutar del aroma recién tostado, amargo y delicioso, del café caliente que luego se transformará en energía líquida cuando recorra mis venas. Pero lo cierto es que me he dejado influir por la ciencia, y veo que hay datos que demuestran que los efectos que tiene el ejercicio sobre los procesos cognitivos más relevantes, como puede ser el de la memoria funcional, son parecidos a los de la cafeína.[5]

Siguiente punto: **no necesitas tomar café para hacer un descanso**. Parece que es más fácil hacer una pausa tomando café que tomarse una pausa a secas. Pero a mí me parece que, la mayoría de las veces, lo que el cerebro y el cuerpo están pidiendo a gritos cuando sientes la atracción de ir a la máquina expendedora de café o a la cafetería de la esquina es otra cosa muy distinta. El cuerpo te pide movimiento, aire fresco, un cambio de escenario... Si estás cansado e inquieto, sientes que vas lento y tienes la cabeza en otra parte, quizá no necesites un chute de cafeína; quizá lo que necesites tan solo sea cambiar durante unos minutos de actividad. Intenta probar lo siguiente: haz una pausa cortita, de unos cinco o diez minutos de duración, y dedícala a algo que te resulte agradable, accesible y fácil de hacer en el entorno en el que te encuentres. Paso a enunciarte algunas de las cosas que mis pacientes me han comentado que hacen: dar una vuelta a la manzana, salir al jardín a arrancar malas hierbas, poner música, ordenar un estante de la librería...

Cuando retomes lo que estabas haciendo, te aseguro que ya habrás recuperado la energía y la capacidad de concentración que tenías antes y que necesitas para terminar de hacer tus cosas.

Cualquier cosa que implique un cambio de rutina te va a servir. Rompe el molde y no sigas el típico día a día. Lo nuevo, lo distinto o lo atípico estimulan el cerebro. Y la razón es que la novedad en sí misma ya es de por sí un *estímulo cognitivo.* Y lo digo en sentido literal, porque hay más neuronas que se disparan. El sistema de estimulación cobra vida y dota de más energía a tu organismo por medio del cortisol. Cambiando un poco las cosas, combinándolas de otra manera, puedes conseguir con toda naturalidad, sin esfuerzo alguno, y sin tener que arrastrar ese promedio tan largo de vida que tiene un estimulante, el empuje que necesitas para sentirte mejor y terminar bien la jornada.

A partir de estas observaciones, pongamos en práctica el ejercicio de hoy, que saca todo el partido posible a la ciencia de la novedad y a tu sistema de estimulación.

EL EJERCICIO DE HOY

METE LA CABEZA EN EL CONGELADOR

¡Lo digo en serio! Mete la cabeza en el congelador: es ciencia pura.

Una leve conmoción física en tu organismo podría ser exactamente lo que necesitas a partir de las cinco de la tarde para superar ese bajón circadiano que experimentas. No hablamos de nada extremo, en absoluto. No te diré que te duches con agua fría o te bañes en aguas glaciales. Pero el principio es el mismo: el frío influye en el sistema nervioso. Si vas al ralentí y tu energía se desploma, exponerte un ratito al frío es como si te pinzaras con esos cables que se conectan a la batería del motor para que este arranque.

En el laboratorio recurrimos a lo que denominamos *prueba del frío*. Para esta prueba, que usamos para comprobar la reacción fisiológica que presentan las personas ante diversos factores estresantes, sumergimos la mano o el antebrazo de un voluntario en agua helada. El voluntario en cuestión tiene que mantener la extremidad sumergida en el agua hasta que no aguante más. Y, mientras tanto, se le van midiendo las constantes con unos electrodos que registran su frecuencia cardiaca y su respiración. El resultado que observamos es que el sistema cardiovascular se activa, y que el voluntario experimenta una vasoconstricción (es decir, que se le encogen los vasos sanguíneos y su riego sanguíneo se vuelve más lento), además de un aumento de la tensión arterial. Cuando el mecanismo de luchar o huir se activa, trae aparejada la excitación. Bien, llegados a este punto es preciso que aclaremos que esta prueba del frío no pone a las personas en la situación de tener que plantar cara a un peligro o huir de él..., sino que les permite reconocer que su organismo está más estimulado. La sensación de estar aguantando el frío también le da a uno la oportunidad de entrenarse para aguantar mejor el estrés. Sabemos que un cierto estrés físico puede ser beneficioso para las personas. Tenemos pruebas bien fundamentadas que demuestran que la exposición intermitente al estrés, conocida con el nombre de *estrés hormético*, puede estimular positivamente nuestra salud y longevidad.

¿Te apetece ir por la vida en modo de lucha o huida? ¡A nadie le apetece algo así, claro que no! Pero desafiar el estrés es algo que le conviene a tu organismo. Cuando notas que el estrés alcanza su pico más alto y luego te recuperas (es decir, experimentas un estrés agudo, pero luego te recuperas rápidamente y tu organismo vuelve a su estado basal), eso es saludable para el cuerpo en el nivel celular, y, además, tiene un efecto energético. La clave consiste en intentar poner cerco al agente estresante al que te enfrentas y considerarlo un desafío que debes superar, en lugar de una amenaza de la que debes apartarte.

En mi caso concreto, puedo decirte que he descubierto que el estrés puede ser una fuerza que aporta energía..., siempre y cuando seas capaz de considerarla un desafío en lugar de una amenaza. A mí me pasa eso, por ejemplo, cuando debo hablar en público. ¡Cómo odio hablar en público! Pero, aun así, lo hago... Y debo decir que ha llegado un momento en que la situación ha terminado por gustarme. Incluso cuando ya estoy entre bambalinas, embebido de esas hormonas que provocan el estrés, sintiendo náuseas, entrando en pánico y deseando no haber aceptado jamás esa invitación, ya estoy deseando que me inunde ese chorro de energía que noto cuando he terminado la tan temible tarea y abandono el escenario. Mi colega, la doctora Wendy Berry Mendes, que trabaja como yo en la UCSF, siempre usa el ejemplo de un león que va a la caza de una gacela para ilustrar la distinción que existe entre el estrés que representa un desafío y el estrés que representa una amenaza. Visualiza la imagen que te propongo a continuación: una gacela va corriendo por la sabana africana temiendo por su vida mientras es perseguida por un león que le va pisando los talones. Unos minutos después, el león le da caza. Los dos animales han echado mano de sus propios recursos metabólicos. Ambos presentan unos niveles muy elevados de energía, y ambos también, por decirlo con otras palabras, están muy estresados. Ahora bien, así como la gacela experimenta el estrés que va ligado a la amenaza, el león nota el estrés que comporta el desafío. El estrés del desafío es el que nos interesa ahora. Nos interesa ser el león, y no la gacela. Por eso te recomiendo que sigas los pasos que te detallo a continuación:

- Cuando te dé el bajón de la tarde, **¡mete la cabeza en el congelador!** Aguanta todo lo que puedas... (si lo prefieres, llena el fregadero de la cocina con agua fría, cuanto más helada, mejor, y sumerge en ella tus antebrazos para recrear lo que para nosotros sería la prueba del frío en tu propia casa).
- Cuando sientas el impacto del frío, comprueba si te molesta. **Aguanta. Intenta relajarte, aunque te cueste.** Intenta coexistir con la intensa sensación de frío que notas. Cuando decidas terminar la prueba, tu organismo habrá experimentado un aumento de revoluciones: la frecuencia cardiaca habrá aumen-

tado, tu sistema nervioso se habrá activado y la sensación de alerta será más acuciante.

- **Sigue adelante:** te propongo un factor estresante que es una menudencia para tu organismo, nada del otro mundo; pero a medida que vaya transcurriendo la jornada, si notas que has reaccionado con estrés ante algo que te ha sucedido, intenta contextualizarlo como si representara para ti un estímulo en lugar de una amenaza. Una especialista en estrés, la doctora Elissa Epel, dice que el estrés positivo, como sucede con el ejercicio, la exposición al frío o la sensación de estar sometidos a un desafío, del que podemos recuperarnos rápidamente (y no me refiero al estrés que viene implícito en toda amenaza y tiende a permanecer en nosotros), puede desencadenar la hormesis, que es un proceso de limpieza celular que propicia la curación y la longevidad.[6] Y eso no solo le conviene a tu sueño nocturno, sino también a tus células.

DÍA 4

PREOCÚPATE POR LAS MAÑANAS

Los seres humanos somos criaturas complejas. Una de las muy variadas cosas que nos distinguen de nuestros congéneres mamíferos del reino animal es la capacidad que tenemos de imaginar. Armados solo con nuestros pensamientos, podemos viajar al pasado o al futuro, volver a vivir o a reescribir acontecimientos que sucedieron en el pasado, inventar múltiples panoramas y llenarlos con todo lujo de detalles sensoriales. Es asombrosa la capacidad que tenemos. Y esta capacidad se encuentra en el origen mismo del éxito que hemos llegado a conseguir como especie. Pero junto a este bonito paquete de ventajas evolutivas, también se incluyen algunas desventajas, como son la preocupación, la ansiedad y la cavilación. Somos tan buenos recreando estas simulaciones o realidades virtuales del pasado y de un posible futuro, que fácilmente podemos quedar atrapados en unos patrones de pensamiento que nos mantienen anclados a unos problemas que somos incapaces de resolver. Al revivir momentos estresantes o perturbadores, sentimos las emociones que asociamos a ellos. Nos suben los niveles de estrés sin razón aparente y sin que podamos sacar ningún provecho de todo ello. ¡En esto sí que somos buenos! Si la humanidad tuviera un currículo, esta característica iría incluida en la lista de nuestras mejores aptitudes.

En un día atareado, casi siempre somos capaces de alejar nuestras preocupaciones, nuestros miedos y arrepentimientos sin demasiado esfuerzo. En mi caso en particular, cuando voy acelerado, pasando de una tarea a otra en el laboratorio, revisando datos de un estudio y atendiendo llamadas telefónicas, no cuento con demasiadas oportunidades de ponerme a cuestionar mis propios pensamientos. Siempre hay tareas urgentes que atender y que se adueñan de la banda ancha de nuestra mente. Pero cuando nos metemos en la cama y nos quedamos a oscuras, inmersos en el silencio, acurrucados en nuestras suaves y cómodas camas, los pensamientos nos hablan alto y claro. Y pasarte la noche cavilando, reviviendo acontecimientos pasados que desearías que hubieran salido mejor (al contrario de lo que ocurre con la preocupación, que se centra más en el futuro), es, a nuestro parecer, el mejor camino para perpetuar el insomnio.

Hicimos un estudio para comprobarlo. ¿Cavilar mucho puede impedirnos dormir bien? ¿Hasta qué punto? Para averiguarlo, decidimos tender una trampa a unos cuantos voluntarios. Básicamente, la trampa consistía en hacer todo lo posible para que se sintieran mal, y luego observar lo que les pasaba de noche.[1]

Cavilar asesina el sueño

Los voluntarios que se ofrecieron a participar en el estudio no tuvieron que venir expresamente a la clínica; se quedaron en casa, cómodos y disfrutando de la soledad de sus hogares. De hecho, era preciso que se quedaran en casa y participaran en el estudio a distancia para que nosotros pudiéramos montar una escena en la que ellos experimentaran el rechazo social, que, francamente, es el camino más directo para acceder a los sentimientos negativos. En líneas generales, nos propusimos conseguir que se sintieran mal. Pero los voluntarios no lo sabían. Lo que sí sabían era que, durante las dos noches que duraría el estudio, la primera mirarían un vídeo en silencio, y la segunda interactuarían virtualmente con los demás participantes. En ambos casos tenían que realizar la tarea que les había tocado una hora antes de acostarse. Los voluntarios se habían puesto en la muñeca un sensor que registraría todos los datos que fueran pertinentes para la investigación. Se trataba de un actígrafo, que realizaría todas las mediciones de su sueño nocturno.

Entregamos a cada voluntario un ordenador portátil con un programa que tenían que usar. La primera noche debían hacer algo muy sencillo: cada miembro que participara en el estudio debía ver un vídeo en el ordenador y luego meterse en la cama. La primera noche representaba «el estado de control», es decir, el punto de referencia a partir del cual definíamos el sueño habitual de cada miembro del estudio y su rutina a la hora de acostarse. La segunda noche, en cambio, fue mucho más interesante.

Los voluntarios tenían instrucciones de encender sus ordenadores portátiles para realizar la actividad pautada a la misma hora que lo habían hecho la noche anterior. Pero en esta ocasión, el moderador les pidió que entraran en el chat del grupo para interactuar con los otros participantes del estudio. Con la salvedad, sin embargo, de que ningún otro voluntario del estudio estaba conectado al chat; tan solo mi ayudante, que era el moderador y a la vez controlaba a unos avatares cuya misión era representar al resto de los participantes. Antes de llevar a cabo el estudio se les había pedido a todos que eligieran un emoji que los representara. Estos falsos participantes en el estudio (llamados «confederados»), también tenían su propio emoji; y esa segunda noche, dos de los confederados entraron en el chat para interactuar con el voluntario, que sí era una persona real.

Los miembros que participaban en este estudio, sentados frente al ordenador y creyendo que estaban hablando con otros seres humanos reales, habían recibido la orden de que participaran en un juego muy sencillo llamado Cyberball con sus nuevos compañeros virtuales. Este juego de realidad virtual no era como los de alta tecnología, sino que estaba pixelado de una manera muy básica. Representa que hay una pelota y hay que elegir a quién se la vas a lanzar. Puedes lanzársela primero a un jugador y luego a otro. Esta pelotita, que va parpadeando mientras se mueve, sale lanzada de un jugador a otro, de un emoji-avatar a otro. Es un juego tan sencillo y absurdo que las personas no tardan mucho en preguntarse cuál es su objetivo. Ahora bien, en un determinado momento, los dos confederados que están controlados por el moderador dejan fuera del juego al participante. Y la persona de carne y hueso se queda observando a los dos avatares mientras estos siguen jugando.

Este panorama ya se había estudiado científicamente; no nos lo hemos inventado nosotros. Y de todos es sabido que genera una sensación de ostracismo y de rechazo social. Un ensayo que se cita con mucha frecuencia obligaba a los voluntarios a jugar desde el interior de una *máquina de resonancia magnética*,[2] y los escáneres resultantes demostraron que el rechazo que las personas sintieron al verse excluidas del juego había activado las regiones que, según todos los cánones, son las encargadas de registrar el dolor en el cerebro. Ese rechazo causaba literalmente un sufrimiento social. Por eso sabemos que, gracias a este ejercicio, podemos conseguir que un voluntario que participe en el estudio entre en este estado cerebral, y luego comprobar la influencia que eso tiene en diversos factores. Aunque, todo hay que decirlo, la influencia no es mucha, la verdad, y lo que queríamos nosotros era aumentar un poco más la presión. Decidimos, por consiguiente, que, en un momento dado, el moderador intervendría y diría a los participantes que eran seres humanos reales: «¡Acabas de ser seleccionado para dar un discurso!».

El voluntario tenía que exponer el tema que se le daba, y además debía hacerlo de inmediato. Por otro lado, se «pidió» a los confederados que fueran interviniendo en el chat para dar su opinión sobre el tema. Presión a tope. Los temas a los que recurrimos fueron los siguientes: «¿Qué es lo que te define para que pueda considerarse que eres un buen amigo?», «¿Apoyas el trato que reciben los empleados de los grandes almacenes Walmart?», «¿Qué piensas del hecho de que Google tenga tanto control sobre los ingresos de publicidad en internet?».

Nuestro voluntario conectaba el vídeo y empezaba a hablar; y los confederados iban dando su opinión por escrito:

«Se te ve muy nervioso».

«Lo que acabas de decir no tiene mucho sentido, francamente».

«¡Qué suerte que no me haya tocado a mí! ¡Menuda faena, tío!».

En un momento dado, los confederados empezaban a hablar entre ellos hasta que el tema terminaba cambiando completamente. El voluntario, que estaba leyendo el chat, se daba cuenta de que los demás, los otros miembros que participaban en el mismo estudio, no le estaban prestando atención.

Al final intervenía el moderador y daba por concluida la sesión.

«Muy bien... ¡Gracias a todos por participar! —anunciaba por el micro—. ¡Que paséis una muy buena noche!».

Las reacciones iniciales de quienes participaron fueron muy diversas. Algunas personas siguieron exponiendo sus opiniones, un poco molestas por el trato recibido. Otras se pusieron nerviosas. Hubo una que se enfadó tanto que cerró de golpe el ordenador y cortó toda comunicación. Nuestra predicción, obviamente, era que las personas dormirían peor tras haber vivido esta experiencia. Y, de hecho, así fue. Pero también pudimos ver que se desprendían algunos matices interesantes de los datos que habíamos recogido. Las personas que participaron en el estudio se quedaron levantadas hasta mucho más tarde que la noche anterior, que servía de «control» nocturno. Y no porque se metieran en la cama a su hora habitual y no pudieran conciliar el sueño; se quedaron levantadas presumiblemente por estar demasiado excitadas por el incidente tan estresante que habían vivido. Hemos de decir también que antes de iniciar el estudio les dijimos que rellenaran un cuestionario sobre la cavilación para valorar la tendencia que tenían a dar vueltas a las cosas en general siguiendo una escala variable, de poco a mucho. Y lo que vimos fue que quienes presentaban mayores diferencias en el sueño tras haber estado sometidos al incidente del rechazo social eran las personas que cavilaban más. Las personas con menor tendencia a cavilar no habían salido tan afectadas de la situación.

¿Cómo debemos interpretar todo esto? Cuanto más se tiende a cavilar, más le afectan a uno esas cosas que le pasan durante el día y que percibe como negativas, estresantes o amenazadoras. Incluso los acontecimientos ambiguos o neutros pueden verse bajo un prisma más negativo si quien los está interpretando es de los que le dan muchas vueltas a la cabeza. Por consiguiente, la gente termina viviendo en un estado de constante excitación que se interpone, y muchísimo, en la capacidad que tiene para ir adaptándose a la idea de que ha llegado la hora de acostarse y de quedarse dormido. Para dormir hay que librarse de ese nivel de vigilancia. Al cavilar seguimos estando vigilantes y en estado de máxima alerta, porque no dejamos de repasar mentalmente los acontecimientos del día, de la semana pasada o de los años anteriores una y otra vez. Y estos procesos mentales son totalmente incompatibles.

¿Tiendes mucho a cavilar?

La moraleja de este estudio fue que si tiendes a cavilar mucho, te afectarán mucho los acontecimientos desafortunados que hayas vivido durante el día. El rechazo social resultó muy eficaz para perturbar el sueño de la gente, pero hay otros acontecimientos desafortunados que también pueden ser muy potentes. En este caso, nos centramos en el rechazo social porque a los seres humanos —que por naturaleza son animales gregarios— les causa una reacción negativa muy potente y fiable. Somos sociables por naturaleza (incluso los introvertidos), y muy sensibles y susceptibles al desprecio interpersonal. Un buen ejemplo del poder que tiene esta clase de rechazo es el siguiente: los estresores interpersonales, como puede ser una ruptura sentimental, son uno de los mejores predictores de los episodios depresivos, comparados con otros estresores fundamentales o quebrantos vitales que las personas puedan experimentar.[3] La sensación de no estar a la altura, en realidad, puede tener efectos tangibles en nuestra salud física. En estudios científicos como el que acabamos de citar, recurrimos por rutina a ciertos elementos que pueden evaluarse socialmente, tanto si es de una manera explícita como implícita, porque somos capaces de medir claramente su influencia: vemos sus efectos reflejados en el sistema que rige el estrés[4] (una mayor tasa de cortisol en el flujo sanguíneo, una mayor actividad en el sistema nervioso simpático y unos procesos cognitivos deteriorados), y también reflejados en el sueño.

En este estudio, la experiencia negativa hizo perder a sus participantes, en promedio, una hora de sueño. Cuanto más se acercaba la hora de acostarse, más impactados se sentían (porque tenían menos tiempo para procesarlo y superarlo). Y si las personas eran muy proclives a cavilar, mayor era el impacto recibido.[5]

¿Por qué algunas personas tienen una tendencia natural a cavilar más? Hemos de considerar un amplio espectro de factores. La química cerebral en parte es genética, es decir: sencillamente nacemos con unas determinadas tendencias. También sabemos que vivir en la adversidad desde una edad temprana puede conducirnos a desarrollar una tendencia a cavilar más sobre las cosas, en parte porque las personas que han pasado por momentos muy difíciles pueden vivir en un estado de alerta y percibir estímulos que son inocuos como negativos o amenazadores, y eso, a su vez, puede desencadenarles una reacción de estrés, que incluye darle muchas vueltas a la cabeza. Finalmente, hay unos determinados patrones mentales que van calando en nosotros a medida que los vamos repitiendo. Las vías neuronales son como los senderos del bosque, cuanto más se hollan, más se asientan y más permanentes se vuelven. Pero esta metáfora también tiene su lado positivo: tal como les sucede a los senderos forestales, pueden llegar a desaparecer si no se usan. El cerebro humano tiene una neuroplasticidad increíble. El cerebro, el centro neurálgico de control de nuestros comportamientos y personalidades, de nuestros hábitos y creencias, puede ser remodelado, literalmente. En otras palabras, si cavilas mucho sobre las cosas, no creas que estás condenado por ello. Todo eso puede cambiar. Pero antes veamos aproximadamente por dónde hay que empezar:

- ¿Tu atención se centra a menudo en aspectos de ti mismo que desearías apartar de tu mente?
- ¿Te cuesta mucho apartar los pensamientos que te asaltan sobre ti mismo?
- ¿Pierdes tiempo dándoles vueltas a cosas que ya no existen y han terminado?
- ¿Tiendes a obsesionarte contigo mismo?
- ¿Acostumbras a reflexionar sobre episodios de tu vida que ya no deberían preocuparte?

Si has contestado afirmativamente a todas estas preguntas, es muy probable que seas una de esas personas que se sienten muy inclinadas a cavilar. Cavilar es normal. Es una compulsión completamente humana. Creemos que podemos solucionar los problemas que nos asaltan si reflexionamos sobre ellos; el problema es que muchos de los problemas que intentamos solucionar (acostados a oscuras y de noche) no tienen solución. Son problemas eternos, problemas que tienen que ver con nuestra naturaleza humana. La mente vuelve a ellos sin cesar, convencida de que podemos resolver el rompecabezas como si fuera un problema de álgebra. Y aunque no podemos resolverlo, seguimos intentándolo.

No es de sorprender que las preocupaciones y las cavilaciones aumentaran en sumo grado durante la COVID. La lista de espera en nuestra clínica del sueño constaba de varias páginas. Los estudios demostraron que mucha más gente de la habitual declaraba estar padeciendo insomnio. La ansiedad, la depresión y las preocupaciones alcanzaron cotas máximas durante la pandemia, sobre todo al inicio.[6] Las personas refirieron que experimentaban una mayor dificultad para conciliar el sueño y seguir dormidas. La gente se despertaba de golpe a las cuatro de la mañana, y luego no podía volver a dormirse. Si lo piensas, tiene sentido: el sueño es más ligero a primera hora de la mañana, y una causa probable es que, si estás bajo el efecto de algún agente estresante, es prácticamente seguro que te despertarás durante esa franja de sueño ligero REM que se tiene antes de amanecer. Además, el consumo de medios de comunicación subió hasta un 60 %, según Nielsen,[7] incluyendo tanto televisión como redes sociales. El consumo de los medios de comunicación, sobre todo en épocas de estrés o de trauma colectivo, es un enemigo declarado del sueño. Los medios de comunicación son un flujo constante de contenidos terribles y preocupantes que van alimentando el simulador de realidad virtual que tenemos metido en el cráneo. Si tenías una mínima tendencia a cavilar sobre las cosas, esos acontecimientos mundiales que jamás se habían dado en la historia fueron el pasto abundante con que se alimentó el giro mental hacia «la noche oscura del alma». Estamos ante un círculo vicioso: cavilar dificulta dormir bien, y cuando no duermes la cantidad de horas que necesitas, eres más proclive a cavilar. La capacidad de ahogar los pensamientos intrusivos se debilita, y termina fallando. Nuestra armadura mental se vuelve más quebradiza.

En mi caso en concreto, no me considero una persona que cavile demasiado, pero aun así, a veces lo hago. Todos somos vulnerables a los perturbadores bucles de pensamiento que provoca la cavilación cuando se presentan unos determinados desencadenantes, presiones o agentes estresantes. Y la cavilación puede alargar la duración de la reacción que presentamos ante el estrés. En fin... Aparte de practicar la aceptación radical, como haría un monje budista, ¿qué podemos hacer en realidad?

En este momento podría ponerme en modo zen y decirte que lo que necesitas en realidad es aprender a aceptar estos conflictos e incomodidades, porque forman parte de la condición humana, ¡pero no será eso lo que haga!

Salir de la vía de las cavilaciones

La mejor manera de dejar de cavilar instantáneamente es pasar a cuestionarnos cuál es la razón de que cavilar nos bloquee tanto el sueño, y es que las cavilaciones mantienen la mente en un estado de excitación. Cavilar atrae tu atención una y otra vez hacia lo que no te ha salido bien, hacia un error o el arrepentimiento. Yo he estado en la cama acostado dándole vueltas y más vueltas a una tontería que dije en una fiesta a una persona (que posiblemente debió de olvidarla unos segundos después), con la mente aferrada a ese pensamiento. Es fácil caer en esa espiral por la que, a partir de algo insignificante, uno empieza a hacer generalizaciones sobre sí mismo y sobre los errores que no deja de cometer. Los pensamientos y las emociones negativas de este calibre son lo que los neurocientíficos llaman *prominentes*, es decir, que sobresalen por encima de los demás. Como sucede con un grito o el claxon de un coche, captan nuestra atención sin ningún esfuerzo. Y es difícil no reparar en su contenido negativo.

Una paciente que recuerdo muy bien vino un día a la clínica del sueño porque estaba librando una batalla muy especial con este tema. Se llamaba Myra, y me contó que venía derivada de un departamento de neurología muy concreto. Era una mujer joven, de poco más de treinta años, y recién casada. Nos cayó muy bien a todo el personal de la clínica: era una persona extrovertida y animosa que siempre estaba contenta. Cuando entraba en una sala, el espacio se iluminaba con su presencia. Aunque también sufría un trastorno severo de epilepsia. Tenía convulsiones recurrentes (no fue hasta más tarde cuando me di cuenta de que Myra había sufrido diversas convulsiones durante nuestras sesiones, mientras estábamos enfrascados en plena conversación), aunque a mí me daba la impresión de que andaba como distraída, o de que se estaba tomando un minuto para recuperar el hilo de sus pensamientos. Myra había aprendido a gestionar y disimular muy bien su dolencia diciendo, por ejemplo: «¿Por dónde íbamos?», o bien: «Se me acaba de olvidar lo que iba a decir a continuación...». Pero sus convulsiones eran graves y limitadoras. Incluso se había sometido a una resección quirúrgica del cerebro en un intento de frenarlas. En esta especialidad de cirugía cerebral llamada *lobotomía temporal*, los neurocirujanos, en realidad, lo que hacen es extraer el fragmento del cerebro que está causando las convulsiones (el hecho de que las personas puedan recuperarse y seguir adelante tras haber sufrido una de estas intervenciones es otro argumento que evidentemente demuestra las excelencias de la neuroplasticidad). La epilepsia de Myra, de todos modos, seguía siendo tan grave que todo apuntaba a que deberían hacerle otra resección cerebral para intentar tener la dolencia bajo control. Solo le quedaba una cosa por probar antes de recurrir a otra cirugía cerebral invasiva, y era la posibilidad de buscar ayuda para conseguir dormir bien.

Como sucede con una gran cantidad de enfermedades crónicas, el sueño puede desempeñar un papel importante en los síntomas de la epilepsia. Se sabe que la falta de sueño es un desencadenante de las convulsiones, y Myra no dormía demasiado bien que digamos. Pasaba mucho tiempo acostada y despierta, sin lograr conciliar el sueño. Le creaba muchísima ansiedad todo lo relacionado con el sueño y con dormir, situación comprensible, porque, en su caso, dormir mal tenía consecuencias inmediatas sobre su salud: se sentía mucho más deprimida y era más susceptible de padecer convulsiones, sentir fatiga y ser menos capaz de hacer las cosas que se había propuesto durante el día. Como consecuencia de esta situación, Myra se pasaba mucho rato acostada en la cama, dándole vueltas a la cabeza. Me dijo que no era capaz de dejar de pensar. Se preocupaba mucho por el futuro; cavilaba sobre cosas que le habría gustado haber hecho de una manera distinta. Le venían a la mente toda suerte de pensamientos negativos y molestos.

La lucha que Myra estaba librando contra la epilepsia era un caso especial, pero la tendencia a quedarse despierta sumida en sus propios pensamientos no lo era en absoluto. Muchos de los pacientes que vienen a verme a la clínica, por no decir la mayoría, están batallando con este tema en mayor o menor medida. Le propuse a Myra que intentara una táctica que a la mayoría le va muy bien: ponerse «a mirar las nubes». Imaginas que los pensamientos indeseables son como unas nubes que se deslizan por encima de tu cabeza y pasan de largo. Es una táctica bastante común que bebe de los principios de la meditación de la atención plena o *mindfulness*, y que denominamos específicamente *moni-*

torización abierta. Sirve para entrenar a los meditadores a dejar pasar de largo los pensamientos cuando les vienen a la cabeza. En lugar de meterte a fondo en el contenido que está elaborando tu mente, te mantienes a una cierta distancia, y dejas que los pensamientos sencillamente se esfumen... o pasen de largo como una nube que se desplaza por el cielo.

Myra se rio e inclinó la cabeza con curiosidad. «¿De verdad que hay alguien que se ponga a mirar las nubes?», preguntó con interés.

La misma idea de ponerse a mirar las nubes le parecía rara, jocosa. Nunca se había echado sobre la hierba para contemplar las nubes, y no entendía que hubiera personas que hicieran algo así. Me quedó muy claro que ese ejercicio, a ella, no le decía nada, y ahora que lo pienso, tenía que ser así, porque Myra es una persona de esas que nunca paran, que siempre están en danza y tienen una lista de quehaceres meticulosamente planeada y más larga que un día sin pan.

Sin embargo, había otra manera de alcanzar ese mismo concepto, una manera quizá incluso mejor, que reflejaba con más precisión el modo en que los pensamientos intrusivos y las cavilaciones obraban en el cerebro humano. Pensé en un artículo que había estado leyendo no hacía mucho sobre una práctica que se estila en Europa y se denomina *observación de trenes*. Seguro que alguien recuerda una película un tanto oscura y descarnada de la década de 1990, titulada *Trainspotting* [Danny Boyle, 1996]. Bien, pues también es una afición muy particular a la que se dedican algunos entusiastas de los ferrocarriles a quienes les gusta coleccionar vistas de trenes tanto como al observador de aves le puede gustar coleccionar vistas de especímenes aviares. Estos aficionados se reúnen en andenes de tren esperando que pase lo que ellos denominan *material rodante*, y entonces intentan sacar una fotografía o anotar la marca y el modelo del tren. Lo que no hacen es subirse a él. Tan solo lo ven pasar.

«En otras palabras —dije a mi paciente Myra—, cuando te vienen estos pensamientos en el momento que deberías quedarte dormida, puedes subirte al tren o puedes quedarte en el andén. Si te subes al tren, viajarás en él. Te llevará quién sabe adónde, y estarás totalmente inmersa en la experiencia: verás todos los territorios que atraviesa el tren y disfrutarás de un viaje muy estimulante. Pero atención, porque esos trenes llevan a destinos que no te servirán de ayuda».

Mejor quédate en el andén. Deja que pase el tren y no te subas a él. Te darás cuenta de que pasa por delante, porque eso no lo podrás evitar, pero no te marcharás con él. Tan solo lo verás pasar, y lo dejarás partir.

Observar trenes le funcionó mucho más a Myra que ponerse a contemplar las nubes. Casaba más con su intuición. A Myra le resultaba mucho más fácil dejarse transportar mentalmente a un lugar estresante, triste o preocupante: lugares que no le convenían nada para quedarse dormida. De todos modos, era difícil no subirse al tren metafóricamente hablando: los pensamientos que la asaltaban le venían como un tren que pasa pitando a todo trapo. No eran blandos y esponjosos como las nubes, que se deslizan suavemente por el cielo. Eran chirriantes, intrusivos, y requerían de toda su atención. Pero cuando se vio a sí misma como una «observadora de pensamientos», fue capaz de poner un poco de distancia entre ella y el contenido de las cavilaciones mentales que la mantenían despierta.

Cuando tu propia mente es el problema

Dormir debería ser muy fácil. Es un proceso natural y necesario, y el cuerpo nos lo exige, literalmente, si queremos seguir viviendo. Es tan esencial como la comida, el agua y el oxígeno. Y, sin embargo, nuestra manera de vivir, de actuar como seres humanos, conspira contra nosotros para interponerse en nuestro camino, y esta es la especialidad por antonomasia de la mente. El contenido de nuestras cavilaciones y preocupaciones no sale de la nada. Salen del mundo que nos rodea, y también de nuestro pasado. Las experiencias que vivimos a lo largo del día conforman el contenido básico de la cháchara mental que experimentamos de noche, una cháchara que puede conducirnos a un estado de hipervigilancia, que equivaldría a la incapacidad de sentirnos seguros y de dejarnos ir. Cualquiera puede vivir una experiencia cotidiana que termine adueñándose de sus pensamientos, pero lo cierto es que el grado de exposición a las vivencias que provocan estrés y preocupación, y que desatan esas cavilaciones que pueden llegar a impedirnos dormir, no se encuentra distribuido equitativamente por toda la población. Sabemos, por ejemplo, que, en Estados Unidos, los negros presentan un nivel más alto de estrés crónico que los blancos, y que su salud se ve más resentida debido al desgaste que representa vivir con el sistema que se activa ante el estrés constantemente en funcionamiento.[8] Todo esto influye enormemente en las disparidades que observamos cuando debemos valorar la calidad del sueño.

En el estudio que estamos haciendo actualmente, y que está subvencionado por los Institutos Nacionales de Salud (NIH), hemos utilizado el mismo escenario que ya habíamos montado y que hemos explicado al inicio de este capítulo, el que guardaba relación con el rechazo social, pero lo hemos tergiversado un poco, cambiando la raza de los emojis. Por ejemplo, hemos seleccionado al azar a algunos voluntarios negros para que sufran el rechazo de un emoji con la apariencia de un blanco, mientras que el resto de los voluntarios sufrirían el rechazo de un emoji con la apariencia de un negro. Los voluntarios blancos pasarían por la misma situación. Lo que esperamos aprender de todo ello, entre otras cosas, es hasta qué punto la experiencia de la discriminación influye en la fisiología del sueño. A medida que vayamos desvelando la influencia profunda y pertinaz que tiene en nuestra salud la discriminación racial, nos daremos cuenta de que hemos de concretar mejor este factor tan crítico. El sueño, después de todo, es la base sobre la que se fundamenta prácticamente toda nuestra salud física y mental. Un estudio centrado en los estudiantes latinoamericanos de Estados Unidos de primera generación reveló que cuanto más discriminados se sienten, peor duermen a lo largo del curso escolar.[9] A pesar de que, sin duda, es preciso añadir otros datos que estén bien contrastados, tenemos razones para creer que procesos cognitivos como las cavilaciones son unos mecanismos clave que consiguen que experiencias tan adversas como puedan ser las del racismo y la discriminación saboteen nuestro sueño.

En la clínica trato a personas que se enfrentan a toda suerte de obstáculos para lograr conciliar el sueño, y me refiero a esos típicos obstáculos que quedan fuera de nuestro control. O bien viven en zonas que resultan muy ruidosas de noche y no pueden permitirse el lujo de mudarse, o bien son víctimas de la violencia doméstica, o bien no se sienten seguras en el barrio donde habitan. Un joven artista al que atendí me contó que vivía debajo de un vecino muy ruidoso en un apartamento de Oakland que tenía unas paredes tan finas que se oía todo. No había noche en la que no lo obsequiaran con andanadas de gritos y peleas. Llegó un punto en que, incluso durante aquellos momentos en que reinaba el silencio, le entraba una angustia indecible solo de pensar que los vecinos empezarían a hacer ruido de un momento a otro, y eso le impedía conciliar el sueño. Intentamos probar con diversas estrategias, pero poco puede hacerse en esta clase de situaciones, salvo mudarse, idea que para él no resultaba viable, o bien recurrir a un buen par de tapones de cera, imagino yo... Hubo un momento en que mi paciente dejó de venir a la clínica, y me quedé inquieto preguntándome qué le habría sucedido. ¿Habría dado con una manera ingeniosa de crearse una especie de escudo mental impenetrable, como un maestro zen, que lo protegiera para siempre de los ruidos intrusivos? Muchas veces, cuando nuestros pacientes dejan de acudir a la clínica, no sabemos el motivo por el que han abandonado sus sesiones. A lo mejor han notado una mejoría... ¡O quizá han terminado tan hartos que se han rendido! Decidí que lo mejor sería llamarlo y descubrir lo que había pasado.

«¡Ah, hola...! —contestó mi paciente al otro lado del teléfono—. ¿Que qué pasó con todo aquello? ¡Pues que aquel tipo terminó por mudarse de piso!».

Nos reímos de lo lindo. Pero luego me comentó que su problema no había desaparecido del todo después de que el vecino ruidoso se hubiera marchado. Eso sí, por las noches había silencio; pero él seguía sintiendo angustia ante la idea de que algo fuera a despertarlo mientras se estaba quedando dormido. Y ese «algo» en general era su propio cerebro.

«Es como si a mi mente se le diera muy bien sacar los temas que me preocupan cuando voy a acostarme —confesó mi paciente—. Y eso me tiene tan alterado como cuando oía los gritos de los vecinos. Solo que ahora el problema está en mi cabeza».

No todos los factores que influyen en la calidad del sueño están bajo nuestro control. Pero la mente (por muy imperiosa y persistente que se muestre) es algo que podemos gestionar, sin lugar a dudas. Podemos hacer varias cosas activamente que nos predispongan a pasar una noche tranquila y a dejar de dar vueltas a la cabeza.

EL EJERCICIO DE HOY

APARCA EL TEMA

El mejor momento para dejar atrás las preocupaciones y las cavilaciones es durante el día, antes incluso de que el sol se ponga. No hay un interruptor mágico que te libre por completo de las cavilaciones. Tu cerebro es humano, y su trabajo consiste fundamentalmente en consolidar toda la información recibida y forjar nuevas sinapsis sacando a la luz algún acontecimiento del día, ciertos recuerdos del pasado, las cosas que te han molestado, etcétera. El cerebro tiene muy buenas razones para comportarse como se comporta. Lo que pasa es que a veces descarrila. Hoy, si no quieres quedarte atrapado en esas cavilaciones en bucle que mantienen elevado tu nivel de cortisol y tu cerebro activo y despierto, vamos a quitarte de encima el alimento del que se ceban tus propias cavilaciones incluso antes de que llegue tu hora de acostarte.

Quiero darte a elegir entre dos ejercicios. Escoge uno de los dos, o bien prueba con ambos. Los dos te servirán para «aparcar el tema», como digo yo. En otras palabras, deja a un lado los asuntos que no hayas terminado y no te los lleves a casa y te metas con ellos en la cama.

Estrategia número 1. Preocúpate por las mañanas

Hoy mismo, y durante la semana entera, resérvate un espacio de tiempo para dedicarlo a algo que es muy importante para tu bienestar. No estoy hablando de darte un masaje ni de tomarte un baño caliente. No se trata de que dediques un tiempo para ti, aunque si estás haciendo el ejercicio de ayer, que te sugiere que te tomes un descanso de vez en cuando, es de esperar que hoy también lo hagas. Este tiempo que reservamos hoy lo dedicaremos exclusivamente a preocuparnos. Sí, hoy te preocuparás a posta.

Te recomiendo que elijas la tarde, porque así contarás con el tiempo suficiente para que eso no te influya demasiado en el momento de acostarte. Es decir, no hagas esta actividad demasiado temprano, cuando te quede una larga jornada por delante que abone tu manía de dar vueltas a las cosas.

Pon la alarma a los quince minutos. Este va a ser el tiempo que dediques a preocuparte intencionadamente cada día. No hagas nada más mientras te dediques a este ejercicio, porque te cargarías el resultado. Si es posible, ve donde nadie pueda molestarte. Tengo pacientes que se encierran en el baño para que no los molesten. Otros salen a dar un paseo. ¡Lo dejo a tu elección!

Cuando empiece a correr el cronómetro, concédete la libertad que necesites para preocuparte. Preocúpate por un solo tema a la vez. Imagina que tienes una lista de quehaceres y que los vas repasando punto por punto, con la salvedad de que lo que repasas son los temas que te provocan una mayor angustia durante el día (y también por la noche), esos temas en los que tu mente no puede dejar de pensar, los que ocupan tu espacio mental. Quizá dedicas mucho tiempo a intentar dejar de pensar continuamente en todas estas cosas, pero en este intervalo de quince minutos de duración con que cuentas, déjate ir. Una advertencia importante, eso sí: no dediques este tiempo a resolver problemas. La expectativa, al terminar este intervalo de tiempo, no es tener el problema resuelto. El objetivo que perseguimos tan solo es que dejes de preocuparte de una manera inútil y obsesiva.

Puedes ir anotando tus pensamientos en un diario y luego leérselos en voz alta a un árbol que tengas cerca, grabarlos en el móvil o, sencillamente, darles un par de vueltas. Es importante que estés bien centrado en tu objetivo. Y cuando suene la alarma del despertador, al cabo de quince minutos, da el ejercicio por concluido.

Si durante el día te das cuenta de que te sientes preocupado, dite a ti mismo: «Veamos, vas a tener que posponer todo eso hasta que llegue el momento dedicado a preocuparte. Ya sabes que tienes reservado un tiempo para tus preocupaciones, y que pueden esperar hasta mañana, porque así lo tienes marcado en el horario». Recurre a esta técnica si las preocupaciones te asaltan cuando te acuestas: piensa que ya lo tienes anotado en la agenda. Si, de todos modos, te sientes atenazado por las preocupaciones, anótalo. Esta misma noche, antes de meterte en la cama, asegúrate de que haya papel y lápiz en tu mesilla de noche. Si te sobreviene una preocupación, o un pensamiento angustioso, anótalo todo, para que puedas recordar que es en eso en lo que debes centrarte la próxima vez que dediques un tiempo a revisar tus preocupaciones. Si lo prefieres, da las gracias a tus pensamientos porque hayan venido a visitarte, y aprovecha para decirles que ya os veréis al día siguiente (yo te aconsejaría que pusieras en práctica esta idea con buena voluntad, en lugar de adoptar una actitud pasivo-agresiva, pero es bien cierto que a cada cual le va lo suyo...).

Una observación final: no tienen que ser necesariamente quince minutos. Podrías estar diez o veinte minutos, lo que prefieras. Ahora bien, ten presente que queremos que cuentes con el tiempo suficiente para estar centrado con el objeto de aliviar las preocupaciones que te asaltan. Haz esto cada día durante toda la semana, y observa si te funciona. Con suerte, conseguirás preocuparte menos de lo habitual y no darle tanto a la cabeza por las noches, actitud que le irá de perlas a la *reacción condicionada* que manifiestas cuando entras en tu dormitorio, y sobre la cual nos explayaremos en el capítulo siguiente.

Estrategia número 2. La preocupación constructiva

Toma una hoja de papel y divídela en dos columnas. En la primera escribe el encabezamiento «Problema», y en la otra, «Solución». Haz una breve lista de los problemas a los que te enfrentas en la actualidad. Céntrate, sobre todo, en esos temas sobre los que tiendes a cavilar por las noches. Luego piensa en tres pasos que podrías dar para abordar cada uno de tus problemas y escríbelos al lado de la solución. A grandes rasgos, lo que estás haciendo es cartografiar una hoja de ruta con la que empezar a dirimir tus problemas.

Observación: no estás elaborando un plan para hallar una solución y eliminar tus problemas, y tampoco vas a solucionar nada de un plumazo. Estás elaborando una hoja de ruta que te permita empezar, que configure los pasos que pueden darse a partir de mañana mismo, o al menos durante los próximos días.

Ahora coge esa hoja de papel y dóblala por la mitad. Cuando encuentres el momento, ponla junto a tu cama y dite a ti mismo: «He hecho un plan para solucionar las cosas cuando rinda más, cuando me encuentre más despejado que en plena noche. Espero con ilusión el día de mañana para ponerme manos a la obra, porque sé que tengo un plan». Parecerá una tontería, pero este ritual tiene su porqué: da fe de que has empleado todas tus energías intentando solucionar tus problemas, y de que ahora ya puedes liberar tu mente del purgatorio de tener que pasarte la noche entera rompiéndote los sesos.

Si te asalta alguno de estos pensamientos a la hora de acostarte, recuerda que tienes un plan. Algunos de mis pacientes incluso han llegado a alargar la mano para tocar el papel.

Esta técnica resulta muy útil si tiendes a despertarte en mitad de la noche preocupado por tus problemas. ¿Cuántas veces no habrás intentado solucionar las cosas en plena noche y luego te despiertas por la mañana sin tener ni la más remota idea de cuál era la solución que habías encontrado? A altas horas de la noche no estamos presentes cognitivamente. Las tres de la mañana no es la mejor hora precisamente para ponerte a pensar en tus problemas económicos ni para gestionar el conflicto que se ha desatado con tu pareja. Estás perdiendo el tiempo, y te estás quitando horas de sueño. Te encontrarás mucho mejor al día siguiente si, en lugar de actuar de esta manera, esperas a que se haga de día y llegue el momento en que tengas la energía y la capacidad cognitiva suficientes para abordar la cuestión.

Resolución de problemas

Respecto a los pacientes que se pasan la noche cavilando y preocupados, he podido constatar que la prevención desempeña un papel determinante para ellos. Y esa es la razón de que te pida que adoptes este enfoque proactivo y lo apliques hoy mismo, que lo añadas a tu rutina de la semana (y, si es posible, durante muchos días más, si ves que te funciona). Ahora bien, verás que a menudo salen cosas a la superficie en los momentos más impensables, y que son preocupaciones mucho más profundas que han arraigado en ti, incluso temas que podrían llegar a sorprenderte. Es algo parecido a lo que sucede con las películas de terror, en las que uno se va preparando porque sabe que aparecerá un determinado monstruo y luego lo que sale del armario es algo completamente distinto.

En este sentido, hay un par de estrategias que podrías probar. Una es el ejercicio de la observación de trenes que he explicado antes, en este mismo capítulo: imaginarte en un andén mientras vas observando los pensamientos que vienen y van, vienen y van...

Ahora bien, si te fallan estos recursos..., distráete. Piensa en otra cosa.

Quizá te parezca un recurso simplón, y quizá lo sea, pero también tiene una base científica. Bien empleadas, las distracciones pueden ser un arma muy poderosa para poder dormir y dar al traste con todas las cavilaciones. Y para lograrlo, te explicaré el funcionamiento de este mecanismo: tu memoria funcional, que es la que se encarga de los pensamientos, la planificación, la imaginación y las cavilaciones, tiene cierto alcance; de hecho, cuenta con sus propios límites. No puedes pensar en diez cosas a la vez. Los neurocientíficos han descubierto que el número de cosas en las que podemos pensar a la vez son tres. Pasada esta cifra, el resto nos pasa desapercibido. Si alguna vez has entrado en una habitación y te has quedado sin poder recordar lo que ibas a hacer, sabrás exactamente a lo que me refiero. Te has quedado en blanco porque te pusiste a pensar en otras cosas, y un globo golpeó a otro hasta enviarlo a la estratosfera.

Voy a pedirte que hagas eso mismo, y que lo hagas a propósito. Si estás despierto, pensando en cosas en las que no quieres pensar, llena tu mente con otro globo. El truco está en que tienes que llenarla con algo bueno. Los especialistas en medicina del sueño a menudo proponen a sus pacientes que visualicen unas imágenes vívidas y estimulantes, lugares a donde trasladarse mentalmente que les resulten agradables y los tranquilicen.

Para recurrir a la visualización como sustituto de los bucles de pensamientos negativos, intenta hacer lo siguiente:

- **Empieza con una relajación muscular progresiva.** Échate en la cama de espaldas, empieza por la coronilla y baja por todo el cuerpo repasando tus músculos con todo lujo de detalles, hasta que llegues a los dedos de los pies. Tensa cada uno de los músculos y, luego, relájalos. Ve pasando por cada músculo, tensándolo primero y relajándolo después. Deja que el peso de tu cuerpo recaiga sobre el colchón. A continuación...
- **Visualiza un lugar que te inspire serenidad** (sentado en la playa, en una colina verde un día de sol, junto a un lago; o caminando por el bosque y oyendo la corriente de un río al pasar...). Puede ser un lugar real que conozcas de memoria, o un lugar inventado.
- **Céntrate en los detalles sensoriales que percibes en este lugar** (los sonidos, los olores, lo que tocas, lo que sientes...). Ve recorriendo mentalmente las distintas sensaciones: el sonido de las olas, la calidez de la arena bajo tus manos, el olor de los pinos y la sensación mullida de la tierra bajo tus pies cuando caminas por el bosque. Sea cual sea el lugar que elijas, ilústralo con tus cinco sentidos y adórnalo lo más bellamente posible.

Este ejercicio requiere un esfuerzo cognitivo que consume la banda ancha cognitiva que todos tenemos. Y eso, sencillamente, es incompatible con andar cavilando y dándoles vueltas a las cosas. Cuando te centras en los detalles sensoriales para recrear tu experiencia, estás dejando a la mente muy poco espacio para que pueda recalar en los pensamientos negativos y reiterativos.

DÍA 5

NO ERES UN ORDENADOR: NO PUEDES APAGAR EL EQUIPO

Un ingeniero de software entra en el laboratorio del sueño. Quiere dejar las pastillas para dormir que ha estado tomando, porque tanto él como sus médicos piensan que ha desarrollado dependencia a la medicación. Su objetivo al venir a vernos es aprender a conciliar el sueño de una manera natural. En la actualidad, según nos cuenta, está haciendo un máster en programación y se queda estudiando justo hasta que llega la hora de acostarse. ¡Trabajo trabajo, lo que se dice trabajo, no le falta! Tiene que emplear todos y cada uno de los minutos de su jornada con sabiduría. Por eso trabaja hasta medianoche, se toma dos pastillas para dormir, cierra el ordenador y se mete en la cama esperando que su cerebro también se apague. Pero, claro, no se apaga.

Normalmente, este hombre, llamado Omar, no se queda dormido hasta la una de la madrugada, según me cuenta, ni aunque se tome una de esas pastillas inductoras del sueño que forman parte de los «fármacos Z», como son el zolpidem, la eszopiclona y el zaleplón, sustancias que les sonarán mucho a los que padecen insomnio. A veces tarda más en dormirse. Y eso que tiene que levantarse temprano para llevar en coche a su mujer al bar restaurante de su localidad, donde empieza a trabajar a las siete y media de la mañana. Es decir, si mi paciente no consigue dormirse en el acto por las noches, tiene que echarse una siesta al día siguiente. A veces está tan cansado y tan preocupado por lo poco que duerme, que se echa una siesta en el mismo coche, tras haber estacionado su vehículo en una plaza de aparcamiento del local donde trabaja su mujer.

Decidimos hacer todos los trámites necesarios para ingresar a Omar en la clínica con el diagnóstico de insomnio. Omar dice que, aunque va cansado, le cuesta mucho quedarse dormido por las noches. Siente de verdad que necesita dormir más, y tiene tanto miedo de quedarse dormido al volante que duerme en el coche en un aparcamiento. Pero aunque piense que está haciendo lo correcto, en realidad Omar no le está dando prioridad a su sueño. Trabaja de manera intensiva hasta que decide que ha llegado el momento de irse a la cama, y entonces no le queda más remedio que depender de unas pastillas para dormir si quiere conciliar el sueño. Aunque eso ya no le funciona tan bien como antes, porque no le está dando tiempo a su organismo a adaptarse para pasar a la fase del sueño. Lo que Omar desearía sería quedarse roque inmediatamente.

A bote pronto, está muy claro cuál es el problema, y a estas alturas quizá tú también lo hayas visto. De todos modos, hay que decir que el que uno sea capaz de identificar un problema no significa que pueda resolverlo fácilmente. Vivimos en una cultura muy exigente que coloca el sueño en el último lugar de nuestra lista de quehaceres. Es lo último que queda tras haber completado todas las tareas de la jornada. Sin embargo, dormir es lo que potencia nuestra capacidad de hacer lo que queremos, de ser quienes queremos ser. Y eso ya lo sabemos, pero la presión que ejerce nuestra cultura para que vivamos atareados y seamos productivos no es imaginaria, es real. A muchas personas les cuesta mucho justificar que deben tomarse el tiempo que necesitan para dormir (y para mitigar la presión que sienten y poder conciliar el sueño), y entonces terminan recurriendo a estrategias más rápidas (medicamentos) o albergando expectativas que no son realistas sobre la mejor manera de dormir, como le sucede a Omar.

Para iniciar el proceso de desengancharlo de las pastillas para dormir y dejar que conciliara el sueño de una manera natural, le dije a Omar que, para empezar, debería dejar de trabajar como muy tarde a las once de la noche, tomarse las pastillas y dedicar una hora de su tiempo a relajarse. De esa manera sí podría ser capaz de quedarse dormido alrededor de las doce y alcanzar el objetivo que se había propuesto de dormir seis horas y media.

—Ya... Ya veo... —expresó Omar, no muy satisfecho—. ¿Y si me tomo las pastillas a las once y sigo trabajando hasta medianoche?

—Mira, Omar —contesté—. Entiendo que trabajes con ordenadores, pero entiende tú también que no eres un ordenador. No puedes apagar tu cerebro e irte a dormir como si tal cosa...

Lo que en realidad pretendíamos era engañar a su organismo. Omar quería encontrar una manera de optimizar, según sus propias palabras, el tiempo que pasaba despierto, aprovecharlo hasta el momento en que se metía en la cama y luego desconectar. Y quería que esa desconexión fuera inmediata. Ahora bien, su objetivo cuando vino a la clínica para tratar el problema que tenía era que lo ayudáramos a librarse de las pastillas para dormir. Y alcanzar los dos objetivos que Omar pretendía conseguir era un absoluto contrasentido.

Lo que debíamos conseguir de él (y, francamente, de la amplia mayoría de las personas que vienen a nuestra clínica con problemas de sueño) era que se mostrara dispuesto a generar el tiempo y los rituales necesarios para dormirse de una manera natural, de una manera que concordara con su propio estilo de vida.

No puedes engañar a tu organismo

De todas las personas que vienen a nuestra clínica, el 90 % toman alguna clase de medicación. ¿Formas parte de este grupo? Hay quien se toma una pastilla para viajar, y hay quien se la toma para asegurarse de conciliar el sueño porque al día siguiente tiene un asunto que requerirá toda su atención. Las pastillas para dormir pueden ser una buena manera de intervenir, y muy útil, pero, como sucede con el resto de los medicamentos, tienen efectos secundarios y comportan algunos factores de riesgo si se utilizan durante mucho tiempo. Muchas personas acuden a nuestra clínica porque ya no usan su medicación solo en circunstancias ocasionales o en casos de emergencia. E incluso algunas ya se temen que serán incapaces de dormir si no se medican antes. A grandes rasgos, son personas que han intentado dejarlo, han notado los efectos de la abstinencia y han pasado una noche fatal. A eso se le llama *insomnio de efecto rebote*. En estos casos, las personas se apresuran a retomar su medicación y se resignan a tomarse la pastilla para asegurarse de que podrán dormir lo necesario para estar operativas. Por eso, cuando los pacientes llegan a nuestra clínica, vienen con el propósito no solo de mejorar la calidad de su sueño, sino también para desengancharse de la dependencia que han desarrollado hacia los productos farmacéuticos que usan para dormir.

En lo que se refiere a conciliar el sueño por las noches, hay muchas cosas que obran en nuestra contra. Vivimos en una cultura de ajetreo constante. Valoramos la actividad y la productividad por encima de la salud y del bienestar, y a menudo ignoramos el hecho de que, en realidad, ambas cosas se encuentran íntimamente relacionadas. Nos sentimos culpables cuando nos tomamos un tiempo para relajarnos, y así, poco a poco, vamos quitando prioridad al descanso. Tenemos una creencia muy arraigada en nosotros que nos dice que el tiempo que pasamos despiertos deberíamos usarlo productivamente. Aun cuando comprendemos que el sueño es esencial para nuestra salud a largo plazo, le restamos importancia a corto plazo, en nuestro día a día. Pensamos que, si vamos cansados, nos caeremos de sueño. Pensamos que si nos mentalizamos, nos quedaremos dormidos, o que gracias a nuestra fuerza de voluntad podremos conciliar el sueño.

Sin embargo, existen muchos *otros factores* que entran en funcionamiento. Unas poderosas fuerzas biológicas están operativas las veinticuatro horas del día, y nuestro ritmo circadiano nos impulsa a dormir. El impulso homeostático del sueño, esa tensión para dormir que se va acumulando a lo largo del día, ejerce presión sobre nosotros. Los distintos *zeitgebers* que se ponen de manifiesto durante nuestra jornada diaria, como por ejemplo cuando comemos o hacemos ejercicio, cuando vamos a trabajar y luego regresamos a casa, quedan registrados en nuestro cuerpo, y estos datos influyen en la dispensación del cortisol o de la melatonina y en el incremento de la adenosina, las hormonas que nos mantienen en estado de alerta o nos inducen al sueño. Estos mecanismos actúan en todos nosotros, independientemente de lo que estemos haciendo. Por eso, la mayoría de las veces lo que en realidad necesitamos aprender es a dejar de interponernos en nuestro propio camino. Y eso significa reservarse y, además, proteger encarnizadamente esa franja de tiempo que tardamos en pasar de *estar despiertos* a *quedarnos dormidos*.

Cómo conciliar el sueño: un interruptor que se enciende y se apaga

Te entra sueño. Te acuestas en la cama y, en un momento dado, caes en un sueño con el que te sumerges bajo la superficie de unas aguas cálidas y relajantes. La sensación es gradual. Pero cuando analizamos lo que sucede en un nivel neurológico, la experiencia que se vive es muy distinta. En realidad, cuando te quedas dormido es como si saltaras por un precipicio. A continuación, vuelves a ser transportado hasta lo alto de la cima y, finalmente, vuelves a caer una vez más por el precipicio del sueño. Básicamente, transcurre cierto intervalo de tiempo en el que te dedicas a entrar y salir del sueño. No puedes estar despierto y dormido a la vez; no existe esa expresión tan manida que dice «estoy medio dormido». O lo estás o no lo estás. En neurociencia se dice que hay un interruptor que se enciende y se apaga.

Existe un equilibrio muy delicado entre el sistema que rige despertar y el sistema que rige dormir. Los dos son unos sistemas neuroquímicos que tenemos en el cerebro, y cada uno de ellos cuenta con una red de neuronas asociadas. En el lado de la ecuación que nos mantiene despiertos, tenemos unas neuronas que están asociadas al despertar en el bulbo raquídeo, el hipotálamo y otras regiones cerebrales que liberan histamina, dopamina, serotonina y norepinefrina. En el otro lado, el que nos ayuda a dormir, tenemos unas neuronas en el núcleo preóptico ventrolateral del hipotálamo que liberan un neurotransmisor, el ácido gamma aminobutírico (GABA) y la galanina. Quizá las siglas GABA te resulten familiares porque sus receptores son los principales objetivos a los que apuntan tanto el alcohol como los medicamentos ansiolíticos. Estos dos sistemas se consideran «recíprocamente inhibitorios». En otras palabras, cuando uno está activo, el otro está anulado. En el momento en que nos quedamos dormidos, lo que en realidad sentimos es que estos dos sistemas batallan por hacerse con el poder. Un ejemplo en el que vemos que el interruptor parece que esté roto es en los casos de narcolepsia. Existe una enfermedad en la que los pacientes experimentan una somnolencia diurna agobiante y sufren ataques de sueño. Estos ataques de sueño tienden a presentarse sin previo aviso, y van asociados a una pérdida completa del tono muscular llamada *cataplexia*. La ciencia sigue investigando el tema, pero ya podemos avanzar que la mayoría de estos pacientes carecen de una cantidad suficiente de neuronas hipocretinérgicas/orexinérgicas, que son las que se encargan de despertarnos por la vía natural y ejercen de árbitro en un sentido metafórico en la batalla que se desencadena entre los sistemas neuroquímicos encargados de despertarnos y de dormirnos.

El cerebro dormido es increíblemente complejo. Sin embargo, para nuestros propósitos, lo que al final termina por inclinar la balanza son esos dos procesos del sueño de los que hemos estado hablando anteriormente: el impulso homeostático para dormir y el ritmo circadiano. Si has acumulado una presión de sueño suficiente (tienes el globo redondito y lleno) y tu ritmo circadiano está bien alineado, terminarás por quedarte dormido… *y seguirás durmiendo.* Piensa que una de las cosas que lo hacen posible es la producción de melatonina, a la que solemos llamar *hormona del sueño.*

La melatonina es una hormona natural producida por la glándula pineal, que tiene el aspecto de una piña de pino diminuta (de ahí procede el nombre) y se encuentra localizada en lo más profundo del cerebro. Otra hormona producida fundamentalmente en los núcleos del rafe del cerebro es la *serotonina*, a veces denominada la *hormona natural de la felicidad* de nuestro organismo. El equilibrio entre las dos hormonas es una de las numerosas piezas que van moviéndose por este ciclo interminable que te ayuda a quedarte dormido y a volverte a despertar al día siguiente. Y ambas se regulan, hasta cierto punto, gracias a la *luz*. Cuando abres las persianas por la mañana y un chorro de luz te inunda la retina, las células retinales envían una señal al núcleo supraquiasmático, que es donde tenemos el reloj interno. Ese reloj, a su vez, comprueba la disponibilidad de la glándula pineal para detener el flujo de melatonina, y al mismo tiempo genera un incremento de la secreción de serotonina. Por la noche sucede todo lo contrario: las células de la retina procesan una disminución de la luz natural en tu entorno, y entonces la glándula pineal recibe la notificación de empezar a bombear melatonina.

La melatonina no es lo único que consigue que te duermas. ¡No es un Dalparan, ni un Stilnox! Pero sí es una pieza fundamental de ese rompecabezas que nos insta a quedarnos dormidos. Por ejemplo, y eso les sucede a los ratones, la melatonina inhibe las neuronas hipocretinérgicas/orexinérgicas que provocan que nos despertemos, y por eso nos quedamos dormidos.[1] Junto con la adenosina, la presencia de la melatonina en el cerebro nos permite abandonarnos al sueño. Imagínate ese interruptor que hay que pulsar para encender y para apagar del que estábamos hablando hace un rato. La melatonina es como el pulgar que presiona por el extremo que indica «dormir». Por eso lo que hay que plantearse es que todo lo que hagamos durante las horas precedentes a nuestro sueño podrá incidir en la producción de melatonina o interponerse en ella.

La producción de la melatonina

No nos vamos a la cama cuando se pone el sol. Hace mucho tiempo ya que eso dejó de ser una realidad para los seres humanos. Vivimos sumidos en la luz artificial, a menudo incluso hasta el mismo momento en que vamos a dormir. Algunos especialistas del sueño recurren al manido consejo de que hay que bajar el nivel de lúmenes de la exposición lumínica un par de horas antes de acostarse. Quizá hayas oído hablar también de lo recomendable que es limitar el tiempo de exposición a la televisión, el ordenador y el teléfono inteligente antes de acostarte, porque estos aparatos emiten luz azul. La luz azul, que tiene una onda de frecuencia más corta, influye mucho en los procesos circadianos.

Los estudios que se han realizado demuestran que es capaz de eliminar la producción de melatonina como lo hace la luz del sol. Por eso, y básicamente, puedes pensar en este proceso de la siguiente manera: cuando te quedas mirando el teléfono por las noches, tanto si estás escribiendo un correo electrónico como si estás relajándote mientras ves un programa, piensa que eso es lo mismo que si estuvieras contemplando un rayo de sol.[2] El mensaje que capta tu cerebro es: «¡Despierta!».

Si entras en Google y tecleas «hábitos del sueño» encontrarás más de cinco millones de artículos que te aconsejan que no te expongas a la luz azul dos horas antes de acostarte; es decir, sin tele, sin teléfono y sin ordenador. Y, si quieres que te diga la verdad, no van muy descaminados. La melatonina es un factor muy relevante al inicio del sueño, y por eso es mejor actuar con conciencia y limitar nuestra exposición a esta clase de luz en la medida de lo posible. Tampoco es una situación de vida o muerte. No tienes que meterte en una habitación completamente a oscuras y ponerte a escuchar el sonido del mar para predisponer cerebro y cuerpo a que duerman bien. Lo que estoy diciendo es que limitar la exposición a la luz un buen rato antes de acostarse es una buena idea. Es una de las palancas que ajustas y vas moviendo hasta conseguir el entorno que sea más propicio para ti. Sin embargo, si quieres que te diga lo que pienso, en mi humilde opinión, yo creo que frenar la exposición a la luz azul por sí solo no conseguirá que duermas bien.

Desde mi punto de vista, y dada mi experiencia sobre el

tema, de todos los factores que repercuten en el sueño de las personas, la luz azul quizá sea el que tiene menos relevancia. Creo que esta industria emergente que ha surgido en torno al tema de limitar la luz azul para proteger nuestra producción de melatonina supera con creces la gravedad del problema. No hace mucho fui al oftalmólogo y me dijo que me convendría ponerme unos cristales de gafas tintados de color púrpura: «No dejan penetrar la luz azul —dijo el especialista—. ¡Ya verá como duerme mucho mejor!». «Ah... —respondí—. No, gracias, no hace falta...». Quisiera o no, terminé con unas gafas con los cristales tintados de púrpura.

Soy un médico especializado en el sueño y sé perfectamente lo que pasa cuando estoy acostado en mi cama a oscuras, revisando lo que cuelgan en Twitter. Pues bien, aun así, debo confesar que... ¡yo sigo en mis trece! Soy tan influenciable como cualquiera al bucle estímulo-recompensa que nos ofrecen las redes sociales y las aplicaciones telefónicas. A veces lo que tú hagas con el aparato que emite esa luz azul será relajante (yo siempre les digo a mis pacientes que está muy bien ver la tele por las noches, por ejemplo). Ahora bien, las páginas web que dan consejos para dormir bien se suman a la línea dura y dicen: «Prohibidas las pantallas». Pero no todos encuentran alivio sentándose en una silla y poniéndose a meditar. Hay personas que descubren que esa actividad potencia su ansiedad, porque entonces son más conscientes de los pensamientos inquietantes que las perturban. Quizá lo que en realidad necesiten sea evadirse tranquilamente y ver alguna que otra reposición de series como *The Office* o *Sexo en Nueva York* (o la que más satisfacciones les reporte). Sin embargo, la mayoría de las cosas que hacemos en el ordenador, en la tableta y en los teléfonos inteligentes terminan siendo más un problema que una solución, y no solo a causa de la luz azul que emiten. Lo que pasa es que entramos demasiado a fondo en todo eso. El sistema de recompensas de nuestro cerebro se activa en función del diseño que tienen las aplicaciones de las redes sociales. Y lo que el cerebro nos pide entonces es... ¡más madera!

Eso es lo que nos mantiene despiertos. La luz azul no ayuda, sin duda alguna; pero, aunque te hayan puesto cristales tintados de púrpura en las gafas, si lees una noticia estresante tras otra en el ordenador antes de acostarte, no podrás conciliar el sueño. Un filtro para protegerte de la luz azul no es la panacea. El consejo de dejar aparcado el teléfono y el resto de los aparatos electrónicos es acertado, pero hay que especificar bien la razón. Mejor no entremos en contenidos que exciten nuestro sistema nervioso, cualquiera que sea el filtro lumínico que estemos usando. *No es la luz lo que debes apagar, sino los contenidos en los que te implicas demasiado.*

¿Qué me dices de los suplementos nutricionales?

Los suplementos para dormir llenan las estanterías de supermercados y parafarmacias, y no solo los suplementos de melatonina, sino también otros productos que sirven para dormir, y no necesitan receta, desde el magnesio hasta los aceites de lavanda, pasando por la raíz de valeriana. Puedes adquirirlos en píldoras o en chicles. Puedes incluso comprarlos para tus hijos. Es más, puedes encargarlos en Amazon.

Mis colegas y yo respondemos a interminables preguntas sobre la eficacia que tienen las pastillas para dormir. Pero las más recurrentes siempre tienen que ver con los productos que contienen marihuana. Sí, ya sé que todo esto no te pillará por sorpresa. En Estados Unidos diversos estados están en proceso de legalizar la marihuana y su ingrediente activo, el THC, para su uso recreativo. En muchos casos, la marihuana puede ayudarnos a dormir, aunque eso depende de la variedad de la que se trate. Por ejemplo, con la variedad sativa las personas suelen sentirse más energéticas, mientras que con la variedad índica se sienten más relajadas, aletargadas y soñolientas. Pero ¿qué sabemos en realidad del THC o del CBD y de su eficacia cuando tenemos problemas de sueño? Por desgracia, poco. Un par de estudios controlados y aleatorios realizados sobre una población un tanto reducida que debía probar las fórmulas del cannabidiol, en las que se incluyen el THC y el CBD, establecen que estos ingredientes pueden ser muy útiles para mejorar la calidad del sueño si se comparan con los placebos.[3] Sin embargo, estos estudios no abarcan a una gran población, y evalúan unas fórmulas que no están al alcance de todos. Hay que esperar que se hagan más estudios sobre este ámbito, porque, por el momento, vamos a ciegas.

Uno de los temas principales que atañen a los complementos para dormir es el efecto placebo: es posible que funcionen sencillamente porque así lo crees. La doctora Alia Crum, una investigadora de la Universidad de Stanford que ha ahondado mucho en el tema de los placebos, llama a este efecto la *profecía autocumplida*. En pocas palabras, lo que viene a decir es que, si te tomas una píldora o un suplemento pensando que te irá bien para conciliar el sueño, te relajarás tanto que te quedarás dormido en un santiamén.

Sin embargo, la melatonina sintética (que es distinta de la *melatonina endógena*, la hormona natural producida en tu cerebro) es, de hecho, el suplemento que más utilizan niños y adultos en Estados Unidos. En lo que se refiere a esta batalla cultural que estamos librando contra la dificultad de quedarnos dormidos, vemos que la melatonina capta toda nuestra atención. Ahora bien, ¿funciona?

¡Claro que funcionan los suplementos de melatonina! Sobre todo funcionan para recuperarte del *jet lag,* o cuando necesitas cambiar rápidamente tu reloj circadiano, pero no dan tan buenos resultados cuando se trata de curar el insomnio. Ahora bien, cuando alguien que viene a la clínica y toma melatonina nos dice que le funciona, no me oiréis decirle que deje de tomarla, al menos en un primer momento. En la clínica, los pacientes aseguran que la melatonina que toman dispensada en suplementos les va muy bien para inducir el sueño. Lo curioso es que, a pesar de que les disminuyamos el suplemento, en general no observan un cambio significativo. A menudo no se dan cuenta de que les hemos ido rebajando la dosis, y al final, cuando se la quitamos del todo, terminan durmiendo tan bien como antes.

El aspecto positivo de esta cuestión es que la ausencia del THC, de la melatonina o de cualquier otro suplemento que tomes no justifica tus problemas para dormir. De hecho, la razón principal de que las personas tengan problemas para dormir guarda una mayor relación con lo que ellas consideran que significa *quedarse dormido*. Irse a dormir significa dejarse ir. Y realizar esta transición puede ser difícil, sobre todo cuando uno se aferra al estado de alerta diurno. Uno de los factores más relevantes para que durmamos bien es la reacción condicionada que manifestamos frente al entorno. Es posible que el efecto que vemos que tienen los suplementos en las personas, de alguna manera, sea el símbolo que encarna esa transición. Y aquí es donde el ritual de la desconexión entra en juego.

Aventúrate a elegir cómo debes relajarte

Las personas que vienen a nuestra clínica del sueño en general llevan una vida complicada y tienen muchos problemas. Pertenecen al grupo de las que ya han transitado los caminos más fáciles para acceder a un buen sueño. Para entrar en la clínica como paciente, tienes que ser remitido por un médico, y luego debes apuntarte a una lista de espera que es tan larga que pueden pasar varios meses hasta que te llegue el turno. Es decir, los pacientes con problemas para dormir que tratamos en la clínica llevan mucho tiempo luchando con este asunto.

Billie es una mujer que vino a la clínica del sueño porque padecía insomnio. Ignoraba cuál era la manera ideal de relajarse, aunque ese no era su único problema. Como hacemos con todos nuestros pacientes, la sometimos a todo tipo de intervenciones, como pueden ser la terapia cognitivo-conductual para tratar el insomnio, fijar una hora coherente para despertarse (tema del que ya hablamos en el capítulo 1), controlar los estímulos y limitar el sueño (asuntos que están desarrollados en los días 6 y 7). Pero además de todo eso, nos centramos en crearle un ritual de relajación que funcionara de verdad para ella, porque, como buena ave nocturna, eso era precisamente lo que más le costaba a Billie. Lo que hacía esta mujer era ir tirando, como se dice popularmente. De todos modos, en su caso tenía un factor en contra, y era que padecía fuertes migrañas. A veces, cuando le venía una, tenía que meterse en cama y quedarse acostada durante todo el día. Eso hacía que le costara mucho más que a los demás aminorar la marcha y pasar por el estado de transición que la conduciría a su objetivo, que era quedarse dormida. Teníamos que esforzarnos en intentar cambiarle el ritmo circadiano y lograr que le resultara mucho más fácil quedarse dormida por las noches, aun cuando tuviera uno de sus días malos.

—La actividad relajante que te aconsejo es alguna con la

que disfrutes de verdad, porque así es como te relajarás —expliqué a Billie—. ¿Se te ocurre alguna idea?

Billie se quedó pensativa.

—Pues, mira... A mí me encanta el punto de cruz —dijo—. Me cuesta mucho encontrar el momento de ponerme a bordar, pero lo cierto es que me encantaría poder dedicarle tiempo más a menudo. ¡Te aseguro que me relaja un montón!

«¡Fantástico! —pensé—. Hacer punto de cruz debe de ser tan aburrido... que podría decirse que es perfecto».

Cuando Billie volvió a la semana siguiente, le pregunté cómo le había ido todo.

—¡Ha sido terrible...! —exclamó con alegría—. Me he quedado despierta toda la noche. En fin, creo que las cosas van de mal en peor.

Le hice unas cuantas preguntas para entender lo que estaba sucediendo. Al principio, Billie me contó que su propensión a ser noctámbula la tenía dominada por completo, pero a medida que fui avanzando en mis pesquisas, vi que estaba entusiasmada con sus labores de punto de cruz, y que dedicaba todas las noches a esta actividad.

—No puedo decir que me pase las noches durmiendo —comentó Billie—, pero... ¡fíjate, mira cuántas labores he terminado!

Billie sacó el móvil y empezó a enseñarme varias fotos de unos bordados hechos sobre panamá que reproducían unas escenas complicadísimas.

Suspiré.

En mi caso, yo me habría quedado frito si me hubiera puesto a hacer punto de cruz. Pero para ella el punto de cruz era una actividad creativa y estimulante. Le insuflaba energía. Y lo último que le apetecía, cuando estaba enfrascada en la tarea, era irse a la cama. Como diríamos en la clínica del sueño, Billie estaba recorriendo el camino de la recompensa dopaminérgica a toda máquina. La actividad que había elegido le estaba procurando demasiada satisfacción.

Billie no fue la única paciente a quien recomendé una actividad específica para relajarse y luego me salió el tiro por la culata. He recomendado a algún que otro paciente que se dedique a la lectura, pero si estás tratando con un ratón de biblioteca, eso es como añadirle más leña al fuego. También he recomendado la meditación, pero algunos pacientes que sufren de ansiedad me han dicho que lo único que consiguen es que les asalten todavía más los pensamientos intrusivos. Por eso ahora, cuando les digo a los demás lo que deben hacer, no les menciono ninguna actividad en concreto. Les hablo de las sensaciones que estamos buscando, y de las que más nos vale evitar; y luego les dejo que, a solas, se busquen una actividad cuyo objeto sea que logren relajar su cuerpo y su mente, y así puedan dejar la puerta abierta para que les entre el sueño.

Tras haber fracasado estrepitosamente planificando la relajación de Billie, dibujé para ella un diagrama muy sencillo en mi pizarra blanca, para que lo estudiara con atención.

En la parte superior del diagrama verás cuáles son nuestros estados de «gran excitación»; y en la parte inferior, los resultados de una «leve excitación». En la parte de arriba se concentra la energía, y en la parte de abajo es donde se va perdiendo. Por otro lado, a derecha e izquierda se registran las emociones «agradables» y «desagradables». Si partes el diagrama de ambas maneras, puedes seguir el rastro de los distintos estados en que podríamos vernos sumidos fisiológicamente durante el día, debido a los distintos factores dinámicos que están presentes en nuestro entorno y en nuestro mundo interior. «Ilusionado» y «tranquilo» son dos emociones positivas, aunque se encuentran situadas en los lados contrarios del espectro que abarca la excitación. «Triste» y «tranquilo», asimismo, son dos emociones ubicadas en la zona de la leve excitación, aunque en distintos lados del espectro emocional. Tampoco es que sea aconsejable seguir manteniendo una leve excitación cuando no dejan de caernos las lágrimas sobre la infusión de manzanilla. El punto justo es esa cuña a mano derecha, en la vertiente inferior, y que corresponde a *una excitación que, aunque siga siendo baja, es positiva*. En este caso estamos hablando de sentir calma y agradecimiento: de sentirse tranquilo, de estar satisfecho... Cualquier cosa que te conduzca a este punto merece toda mi aprobación. Como ya dije anteriormente, estamos hablando de algo muy personal. Ahora bien, en el menú individual de las opciones que se nos dan, hay ciertas reglas estipuladas e inamovibles que debes acatar si quieres que este método funcione.

LAS REGLAS

Resérvate un par de horas para ir relajándote

Dos horas antes de acostarte (o cuando te sea posible), ponte en modo relajación. Yo les digo a mis pacientes que conecten la alarma para que suene en el momento que se han marcado y así alcancen su objetivo. Es fácil verse involucrado en un millar de cosas y ver cómo el tiempo se nos escapa de las manos. Diles a Siri o a Alexa que te avisen. Si eres de los que se han instalado en casa una iluminación inteligente, programa las luces para que vayan disminuyendo de intensidad cuando llegue esa hora. No solo te conviene para pasar por esta transición, sino que además limitará tu exposición a la luz y permitirá a tu sistema melatoninérgico que entre en funcionamiento. Cuando recibas la señal, sea cual sea el sistema que hayas elegido, de que ha llegado la hora de relajarte, hay algunas cosas importantes que deberás abandonar de inmediato. Son las que te explico a continuación.

Deja de trabajar

Este asunto es de gran transcendencia. No me importa que estés enamorado de tu trabajo. Piensa que trabajar no es conveniente cuando te toca relajarte. El trabajo, sea este cual sea, te mantendrá, como mucho, en la zona de la gran excitación positiva, si es que no te sitúa directamente en la zona de la gran excitación negativa (a mí me gusta mi trabajo, pero cuando me quedo despierto hasta muy tarde porque estoy quemándome las pestañas repasando correos y haciendo números, te aseguro que empiezo a situarme en la cuña negativa de la gran excitación que se ha descrito en el gráfico anterior). Mira, si tienes que trabajar hasta muy tarde, y tienes que hacerlo a menudo, piensa que no pasa nada, que la vida es así... No hace mucho tuve que pasarme una noche entera trabajando en el laboratorio porque estábamos haciendo un estudio sobre el sueño y tuvimos que monitorizar a un paciente que se quedó a dormir por la noche. Cuando salió el sol, me sentía tan irascible que salté de la silla solo con notar el roce de la capucha de mi propia sudadera.

Si en general trabajas hasta muy tarde, te sientes fatal y te cuesta dormir, ya tienes la respuesta que buscabas: el trabajo es el problema, y seguramente tendrás que lidiar con la situación si quieres cambiar de dinámica. Sin embargo, la mayoría de las veces las cosas que intentamos dejar para la noche podríamos resolverlas más fácilmente al día siguiente, cuando estamos descansados y nos sentimos más despiertos. Quizá el asunto no sea tan grave como para que tu salud salga perjudicada. Centra bien la cuestión y pregúntate a ti mismo: «¿Es absolutamente necesario que me dedique a esto esta misma noche? ¿Cuáles serán las consecuencias en caso de que no lo haga? ¿Puedo posponer estas tareas y proteger mi sueño nocturno?». Ver las cosas en perspectiva es muy recomendable.

Desconéctate de las redes sociales

Muchas personas insisten en que las redes sociales las relajan. Lo siento en el alma, pero debo decir que no es así. De todos modos, hemos de admitir que, en el caso de una gran mayoría de las personas, el teléfono móvil es lo último que apagan de noche y lo primero que encienden por la mañana. Y lo entiendo. De verdad que lo entiendo, porque yo también he sucumbido a eso, aunque hago todo lo posible por apagarlo de noche, porque sé que es muy malo para dormir. El teléfono se está convirtiendo en un problema para mucha gente. Una de las cosas más útiles que puedes hacer en las horas previas al momento de acostarte es dejar el teléfono bien lejos de ti. Conéctalo a un cargador en otra habitación. Hay estudios que demuestran que tener el teléfono cerca influye en nuestra capacidad de atención y en nuestros procesos cognitivos.[4]

Sobre esta cuestión disponemos de muy poco espacio para maniobrar: si quieres llamar a la familia o conectar con esos amigos que viven lejos y que tanto aprecias, destinar un tiempo a las redes sociales puede ser una manera fantástica de relajarte y de empezar a sentirte mejor con el mundo. Pero ¡ándate con cuidado! Estas aplicaciones se diseñaron para captar y conservar tu atención, y cuesta mucho dejarlas de lado, aun cuando seas consciente de que tienen un efecto negativo en ti. Y si no es este el caso, esta clase de aplicaciones pueden seguir siendo perjudiciales para tu sueño. Sabemos que las redes sociales provocan que se libere dopamina en el cerebro.[5] Si te conectas a las redes sociales y empiezas a compararte con los demás diciendo cosas como «su vida es mejor que la mía», o te apetece leer las últimas noticias (yo no sé tú, pero a mí me parece que esas noticias tan impactantes que nos dan en la actualidad no contribuyen precisamente a disminuir mi nivel de excitación), tendrás que apagar tus dispositivos. Ya te pondrás a leer las noticias en otro momento. Puedes tomar tu dosis diaria de información en línea desplazándote con el dedo de fatalidad en fatalidad cada mañana. Piensa que esos vídeos de TikTok tan divertidos no desaparecerán como por arte de magia (¡internet es para siempre!). Y, en lo que respecta a las comparaciones, recuerda que nadie lleva una vida perfecta, y que lo que vemos en Instagram ha sido seleccionado con sumo cuidado.

¡Claro que puedes usar las redes sociales! Envía mensajes a tus amigos, mándales corazoncitos si cuelgan algo que te gusta, diviértete con las fotos de sus bebés embadurnados de espaguetis... Pero luego desconecta, por favor. No dejes que eso se zampe como si tal cosa el tiempo del que dispones para relajarte. La moraleja es que debes desconectar.

Deja la bebida

Existe una táctica aceptada por todos y con la que la gente siempre anda metiendo la pata. Siento dar malas noticias a todos los amantes de tomarse una copita nocturna, pero estamos hablando del *alcohol.*

Confieso que el alcohol va muy bien para relajarse. Te deja como la seda. Es un tranquilizante. Si se usa con moderación, uno se sitúa en esa cuña del gráfico donde están ubicadas la leve excitación y las emociones positivas. El alcohol es soporífero; es cierto que te ayuda a relajarte, e incluso que sirve para conciliar el sueño, razón por la cual aproximadamente una de cada diez personas terminan adoptándolo como remedio. No debería extrañarnos que las ventas de alcohol aumentaran un 20 % durante los primeros seis meses de la pandemia de COVID-19.[6] Es como tomarse un Stilnox, pero con unos resultados peores de lo que cabría esperar. De hecho, provoca efectos indeseados.

El alcohol deprime el sistema nervioso central. Es decir, básicamente ralentiza la actividad del cerebro. El alcohol es una molécula minúscula que, si se consume, penetra en el flujo sanguíneo, se abre camino fácilmente hacia la barrera hematoencefálica, la cruza y afecta al cerebro. En ese momento es cuando se une a los receptores GABA, y todo eso provoca en nosotros una sensación de relajación y somnolencia. Bueno, seguro que alguien diría que, si el resultado es bueno..., ¡pelillos a la mar! Bien, debo decir al respecto que aquí hemos topado con un problema. Unas horas después de que la fiesta haya terminado, y cuando ya estés dormitando en la cama, el efecto del alcohol desaparecerá. Asimismo, la capacidad que tienen tus receptores GABA de relajarte y de lograr que duermas bien se esfumará. Entrarás en una fase más ligera del sueño, o incluso es posible que te despiertes por completo y, a oscuras, empieces a dar vueltas y más vueltas en la cama.

El alcohol influye en la estructura de tu sueño porque te priva del sueño REM. Si recuerdas lo que ya te conté, lo típico es que atravieses entre cuatro y seis ciclos de sueño durante la noche, y cada ciclo contiene una fase REM, que es el sueño en el que aparecen los movimientos oculares rápidos y que corresponde al momento en que estamos soñando. Resulta que el alcohol elimina el sueño REM durante la primera fase de la noche, y entonces caemos en un sueño profundo que es desproporcionadamente largo para iniciar el ciclo completo. Cuando llega la segunda fase, el alcohol empieza a desaparecer de tu organismo. En ese momento es cuando notas el efecto rebote de la fase REM, que está intentando compensar todo aquello que había quedado eliminado. La consecuencia de todo ello (junto con la disminución de la actividad receptiva del GABA) es que la persona duerme a trompicones. Se despierta con frecuencia durante la segunda fase de la noche. Y, cuando está dormida, no nota los efectos reparadores del sueño. Por suerte, para una amplia mayoría, este estado no es permanente. Ahora bien, en los casos de alcoholismo crónico, el cerebro puede cambiar hasta el punto de que, aun cuando haya dejado de beber, la persona ya no sea capaz de dormir como antes.

¿Acaso crees que te estoy diciendo que no debes beber? ¡De ninguna manera! No soy un aguafiestas (aunque alguno de mis pacientes haya afirmado todo lo contrario). Desde la perspectiva del sueño, tan solo es una cuestión de buscar el momento apropiado para ello y, por supuesto, estipular la cantidad adecuada que se necesita. Has de saber que, si abusas, eso puede repercutir en la calidad de tu sueño. Bebe poco, y mejor bebe prontito. Si quieres, haz como los europeos y tómate tu copita de vino a la hora de almorzar. Si te miran con recelo, diles que un especialista del sueño te lo ha recomendado. También puedes asegurarte de tomarte ese vino, esa cerveza o ese cóctel que te estás reservando para el final del día mucho antes de la hora que hayas destinado para relajarte. El alcohol se metaboliza a una velocidad que, si te tomas una copa varias horas antes de acostarte (aproximadamente unas tres horas antes), no es probable que influya en tu sueño. El problema lo tendrás cuando decidas tomarte una última copa antes de acostarte, cuando abuses del alcohol o cuando lo utilices para quedarte dormido.

Esta semana te aconsejo que no ingieras alcohol si faltan

menos de tres horas para acostarte. Y, si te parece bien, me gustaría lanzarte otro desafío más: elimina el alcohol. Inténtalo. Observa si ves algún cambio en tus hábitos de sueño. La capacidad que tenemos de realizar experimentos científicos en nuestra propia persona es sorprendente. Y, ya que estás recopilando datos, ¿por qué no recoges un dato más? Quizá eso lo cambie todo, aunque también es posible que, en el fondo, no cambie nada. En cualquier caso, vale la pena descubrirlo.

Una receta para relajarte de lo lindo

Para impedir que te suceda lo que acabamos de explicar debes desconectar de todo lo que hayas vivido durante la jornada y darte la oportunidad de disipar la excitación cognitiva. No estamos diciendo que todo esto pueda hacerse deprisa y corriendo; hay que dejar que las cosas sucedan.

Insisto en que el proceso es individual, y que uno tiene que elegir lo que más le convenga. Pero voy a enumerarte unas cuantas actividades que puedes hacer para relajarte y que entrañan cierta garantía de éxito. Sirven para cualquiera, venga de donde venga. Te las comento brevemente:

- **Date un baño o una ducha.** No son imaginaciones mías, no. Te irá muy bien para dormir. Un baño o una ducha caliente va bien porque propicia que la temperatura basal del cuerpo se enfríe, que es una de las cosas que pasan cuando nos entra el sueño. El agua caliente ayuda a la termorregulación natural del organismo: el cuerpo se calienta, y, cuando sales, el agua se evapora de la piel y enfría el cuerpo, a la par que le envía la señal al cerebro de que ha llegado la hora de que te acuestes. Es una señal muy potente, un ritual que le está diciendo a tu cuerpo que se acerca la hora de acostarse. Te relaja y te deja con una sensación de limpieza que te servirá para dejarte ir, no sin antes establecer claramente la transición que existe entre estar alerta y estar descansado.

- **Lee o mira la televisión.** Siempre doy esta opción a mis pacientes, por mucho que los libros y las páginas web digan que no es aconsejable. A la consulta acuden constantemente pacientes a los que les han aconsejado que no enciendan el televisor, y lo único que alcanzan a decirme es: «¡Menuda tortura! ¡Qué ansiedad...! ¡Yo ahí, sentado en la sala de estar, sumido en mis pensamientos e intentando relajarme!». Los libros son un gran recurso, pero no todas las personas son aficionadas a la lectura. Una advertencia: esto no es excusa para que te pongas a ver de un tirón esa recién estrenada y apasionante serie que tanta ilusión te hacía. No es precisamente la excitación lo que buscamos, ¿recuerdas? Estamos hablando de programas que ya hayas visto, de películas que sabes que son tranquilas y no te tendrán enganchado a la pantalla viendo un episodio tras otro. A esto es a lo que me refiero cuando digo que veas la televisión. Una advertencia: si eliges la lectura o la televisión como actividades para relajarte, *no las hagas metido en la cama* (ya hablaremos de la razón en el capítulo siguiente).

- **Respira hondo.** Respirar puede activar tu sistema nervioso parasimpático, que también se llama *sistema responsable del descanso y la digestión.* Para quedarnos dormidos, hemos de distanciarnos de la reacción de lucha o huida. Todo lo que anule el sistema nervioso simpático (reacción de estrés) y potencie el parasimpático (relajación, conexión) funciona. Existen determinados tipos de respiración que se ha demostrado que activan la rama parasimpática del sistema nervioso. Hay un ejercicio muy conocido que se llama *respiración de frecuencia resonante.* El ritmo cardiaco y la respiración tienden a entrar en sincronía, o en resonancia, y van a unas seis respiraciones por minuto (en realidad, son unas 5,5 respiraciones por minuto). El objetivo es respirar despacio hinchando el vientre, inhalando por la nariz durante cinco segundos y luego exhalando lentamente, por la nariz o por los labios entreabiertos, durante otros cinco segundos.

Estas son tan solo algunas de las actividades que considero ideales. Ya que dispones de dos horas, ¿por qué no haces las tres? Si lo prefieres, puedes elegir a la carta entre las siguientes actividades que siempre propongo a mis pacientes.

- Disminuir la potencia de la luz.
- Meditar por la noche.
- Escribir un diario de agradecimiento.
- Ver un programa de televisión o una película.
- Leer.
- Darte un baño o una ducha.
- Sentarte en el porche o en la terraza a contemplar las estrellas.
- Escuchar un pódcast.
- Dedicarte a alguna actividad que provoque en ti sensaciones positivas.

Personaliza tu propia lista

Concédete unos momentos para dar un par de vueltas a las actividades que te convendría hacer esta misma noche para relajarte. También resulta muy instructivo identificar las actividades que ya sabes que no te funcionarán. Y aquí quiero destacar que no todas esas cosas que se dicen y se apuntan en una lista para relajarse bien antes de meterse en la cama le sirven a cualquiera (acuérdate de Billie y de su punto de cruz...). Usa el gráfico que se expone a continuación para programar las actividades que en general sueles hacer de noche, y sé realista en lo que respecta al emplazamiento donde las apuntarías. Por ejemplo, el término *trabajar* quizá podría ubicarse en la mitad superior, la que corresponde a una gran excitación, pero en función del empleo y del estado de ánimo que tengas, podría ir situado en el lado de lo que es desagradable o en el cuadrante de lo que te resulta agradable. «Darse un baño relajante» probablemente se localizaría entre una leve excitación y las actividades que resultan agradables. ¿Qué escribirías, en tu caso, en el cuadrante positivo de la «leve excitación»? Anota todas las ideas que te vengan a la mente.

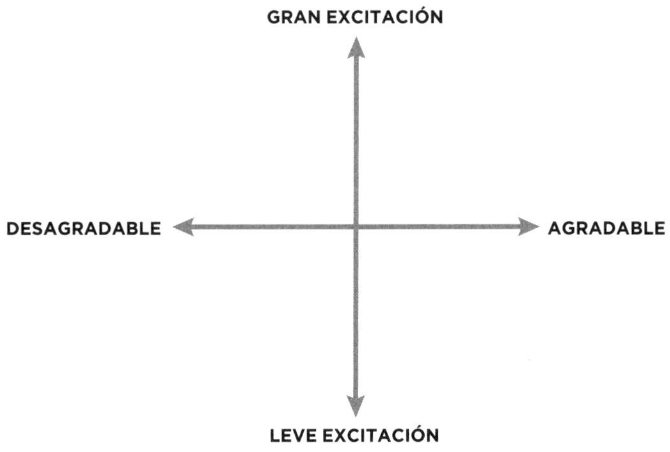

No se puede tener todo, aunque sí se puede tener lo más importante

La relajación no es algo que hagamos específicamente. La relajación necesita que le dediquemos un tiempo. La moraleja es que no se puede tener todo. No puedes ir a toda máquina, desconectar de repente y quedarte directamente dormido como un tronco. O lo uno o lo otro.

Omar —estoy hablando del programador informático que aparecía en el inicio de este capítulo— y yo conseguimos finalmente dar con el horario que le funcionaba. Me comentó que no tenía tiempo para ir relajándose paulatinamente, y yo le dije: «Búscate ese tiempo u olvídate de tu objetivo de desengancharte de las pastillas y dormir bien».

Omar tenía que optar por lo que para él era más importante.

Y su elección fue dormir bien.

De mutuo acuerdo, establecimos que por las noches dejaría de trabajar antes de lo acostumbrado, vería algo en Netflix, aunque no en la cama (ya te contaré, ya...), y se tomaría la medicación a las once de la noche. Así tendría la seguridad de que se quedaría dormido a medianoche aproximadamente, y de que despertaría a tiempo para llevar a su esposa al trabajo sin estresarse por ir falto de sueño. El paso siguiente fue disminuir la cantidad de medicación que tomaba. Cuando disminuimos la dosis de fármacos, como por ejemplo Stilnox, debemos hacerlo progresivamente. Si una noche te tomas diez miligramos, la noche siguiente te tomas cinco; y luego sigues con una nueva tanda de diez y de cinco miligramos. Si ves que funciona, se vuelve a cambiar de dosis, y entonces te tomas una pastilla de cinco miligramos que irás alternando con otra de dos miligramos y medio..., y sigues así hasta eliminarla por completo. Solo cambiamos de dosis cuando los pacientes nos dicen que, aun así, se encuentran bien. Y son muy pocas las ocasiones en que tenemos que dar marcha atrás. Aplicamos esta manera de disminuir la medicación cuando el paciente ya ha probado con todas las técnicas descritas en este libro, y, sobre todo, las que describiré en los capítulos siguientes. Cuando usamos todas estas herramientas combinadas entre sí, lo que observamos es que la mayoría de los pacientes ni siquiera notan que están tomando una dosis inferior. Están recurriendo a la capacidad natural que tienen de quedarse dormidos.

Para la amplia mayoría de las personas que tienen problemas de insomnio, el mayor desafío al que se enfrentan es de orden conductivo. Estamos acostumbrados a trabajar hasta muy tarde. Y forma parte de nuestra rutina que vayamos desplazando el dedo por el teléfono móvil. Existe una creencia muy arraigada que dice que uno siempre debe andar atareado y ser productivo. Cuando suena la alarma que te indica que debes empezar a relajarte, tu primer instinto es racionalizar las cosas y decirte a ti mismo: «Esta noche necesito seguir trabajando —o haciendo tal y tal cosa—, lo que estoy haciendo es muy importante». Vamos a ver, cuando el teléfono suene esta noche indicándote que es la hora en que debes empezar a relajarte, y cuando suene todas y cada una de las noches de esta misma semana, quiero que recuerdes que el tiempo que dedicas a la relajación está pensado para dormir mejor. Y, si duermes mejor, tendrás una mayor capacidad de aprendizaje, expresarás mejor tu creatividad, prestarás más atención y tendrás más memoria. Serás capaz de cambiar de tarea con mayor facilidad y mejores resultados, sin obviar el hecho de que regularás mejor tus emociones. Las personas que duermen bien se relacionan mejor con su pareja que las que duermen mal. El sueño regula nuestro metabolismo, y las personas que duermen poco durante largos periodos de tiempo aumentan de peso y no se desviven precisamente por los alimentos nutritivos.[7] Se han hecho varios estudios que resultan fascinantes sobre el sueño y el liderazgo, y sobre la influencia que tiene en la manera en que tratas a tus empleados y en la empatía y el sentido de colaboración que demuestras tener con ellos.[8]

Piensa a largo plazo. Tener una buena calidad del sueño te dará más rendimientos a largo plazo de lo que pueda darte jamás eso otro que te está generando tanta presión. Es una inversión en salud y bienestar mucho más rentable para preservar tu sueño que ir por la vida apagando fuegos y *tratando la vida y el sueño por separado*. La vida también transcurre mientras estás durmiendo; te renueva y te prepara para que afrontes las horas diurnas. Desgraciadamente, hemos marcado unos compartimentos estancos entre el sueño y la vida, cuando en realidad las dos cosas están interconectadas y forman parte de la misma experiencia.

Eso sí: mi consejo es que sigas priorizando la relajación, aunque esta no siempre te permita pasar una noche de fábula. Seguirá habiendo noches en las que deberás hacer un gran esfuerzo para dormirte. No hay nada que nos garantice que vamos a dormir bien, por muy dispuestos que estemos a hacerlo. Pero si sigues estas rutinas, la calidad de tu sueño irá mejorando paulatinamente. Si persistes en la labor, aun cuando hayas pasado una mala noche, dormirás mejor, y tu vida, por consiguiente, mejorará.

EL EJERCICIO DE HOY

VE RELAJÁNDOTE... HASTA ECHAR EL CIERRE

Conoce las normas fundamentales

Acuérdate de la primera instrucción importante: empieza a relajarte al menos dos horas antes de acostarte. ¡No hay excusa que valga! Empieza esta misma semana. Si te esfuerzas en poner todo de tu parte para conciliar el sueño y quieres que ese esfuerzo dé sus frutos, esta regla es fundamental. Mi segunda instrucción es que no empieces a relajarte si ya te has metido en la cama. Hablaremos más extensamente sobre el tema en el capítulo siguiente, pero por el momento basta con que sepas que eso podría minar tu sueño si pasas demasiado tiempo metido en la cama antes de que llegue la hora de dormir.

Conecta la alarma

Necesitas una alarma para saber que debes empezar a relajarte, de la misma manera que debes recurrir al despertador por las mañanas. Y cuando la alarma se dispare..., no eches una cabezadita y ya está. Deja todo lo que estés haciendo. Y si te sirve de ayuda, abre el libro por esta misma página y acuérdate de las razones por las que debes hacerlo.

Prioriza el sueño

Priorizar el sueño te garantiza que puedas mostrarte creativo, productivo e inteligente, y que puedas seguir cultivando tu inteligencia emocional. Y no me refiero a este preciso instante, en que estás exhausto cognitivamente hablando, sino al día siguiente. Guárdate el trasnochar y el trabajar noche tras noche para esas ocasiones especiales en las que realmente, e imperiosamente, debes ocuparte de algún asunto en particular (si necesitas hacerlo regularmente, deja que te diga, como médico que se ha dedicado a estudiar la influencia que tiene dormir poco en la salud de las personas, que eso llega a afectar al sistema inmunitario, y que ya va siendo hora de que hagas algún cambio). Dormir es la mejor inversión que puedes hacer, una inversión que repercutirá en tu cerebro, tu cuerpo, tu salud y tu longevidad, en tus relaciones y en tu capacidad de disfrutar de la vida. Escúchame bien: sal del modo trabajo y...

¡Elige tu propia poción!

Como ya hemos visto en este mismo capítulo, no todo lo que se aconseja para relajarse sirve a todas las personas en general o a ti en particular. Elige entre algunas de las opciones que ya hemos visto, o escoge una de las ideas que escribiste en la ficha que rellenaste. Tan solo tienes que recordar que tu objetivo es dar con alguna actividad que te sitúe en ese dulce cuadrante de excitación que es agradable, tranquila y leve. Tienes dos horas para decidirte. ¿Por qué actividad te decantas? Ánimo, ¡toca relajarse!

RESOLUCIÓN DE PROBLEMAS

Si sigues alterado al final de tu periodo de relajación...

Hay un par de cosas que debes plantearte si este es tu caso. Número 1: estate atento a tu propio cuerpo. He tratado a pacientes que ignoran las señales que les envía el cuerpo de que les está entrando sueño. ¡Hace tanto tiempo que no se escuchan a sí mismos que ya no saben reconocerlas a simple vista ni notan la sensación que les provocan! Por si eso no bastara, existe una idea muy generalizada entre la población que dice que uno debe acostarse en un intervalo de tiempo dado. Y la gente sigue esa pauta en lugar de estudiarse a sí misma.

Tuve una paciente que se daba cuenta de que tenía sueño, pero en lugar de reconocerlo, esperaba a terminar las dos horas estipuladas para relajarse. ¡Ni se te ocurra hacer algo así! Relajarse, en buena medida, consiste en prestar atención a tus sentidos (y esta es otra magnífica razón para que no hagas nada en lo que te involucres demasiado, como ver un nuevo programa de televisión o conectarte a las redes sociales; y te lo digo porque te vas a enfrascar tanto en la tarea que no serás capaz de prestar atención a lo que tu cuerpo te está diciendo).

Para terminar, si ves que el periodo destinado a la relajación no obra su magia en ti, ¡no te rindas! Deberás repetir varias veces el mismo ritual para que tu cuerpo aprenda que este periodo de relajación es la señal que te indica que es hora de que te acuestes. El ejercicio de mañana abordará de plano esta cuestión.

DÍA 6

(RE)ENTRENA EL CEREBRO

Hoy es el día en que empezarás a entrenarte como si fueras un cachorro. De hecho, como si fueras el perro de Pávlov.

En la década de 1890, Iván Pávlov, un fisiólogo ruso, estaba estudiando los reflejos condicionados de los animales, es decir, las reacciones físicas instintivas que estos presentaban ante determinados estímulos. Cuando se le ofrecía comida a un animal, este salivaba como reacción al estímulo en concreto. Pávlov quería estudiar la secreción de los diversos fluidos que recorrían el aparato gastrointestinal como reacción a la ingesta de comida, y con ese fin insertó un pequeño tubo de ensayo en una de las mejillas del animal para recoger su saliva. Cuando le daban comida al perro, un ayudante del fisiólogo monitorizaba y medía la cantidad de saliva. Pero el técnico advirtió que sucedía algo raro. Los perros no salivaban como reacción a la comida que les ponían delante, como cabría esperar de un reflejo condicionado. Salivaban ante el mero hecho de oír las pisadas del ayudante cuando este iba a traerles la comida. Habían aprendido a asociar las pisadas que oían por el pasillo con el hecho de que iban a alimentarlos, y tenían tan integrada esa asociación que se les hacía la boca agua anticipándose a la comida que iban a darles solo por el hecho de oír el sonido de los zapatos de ese hombre tras la puerta, tanto si les traía comida como si no.

Pávlov hizo unos cuantos experimentos más, y se lanzó a enseñar a los perros a que salivaran cuando oyeran el tictac de un metrónomo, y luego el tañido de una campana. El fisiólogo descubrió que si ofrecía los dos estímulos a los perros (y estoy hablando de la comida y del sonido) en un intervalo secuencial muy breve, los animales no tardarían en forjar una asociación entre ambos. Pávlov denominó a ese efecto *reacción condicionada*: un estímulo que previamente había sido neutro para los perros y, por consiguiente, no significaba nada para ellos (la campana), tras condicionarlos, lograba que manifestaran una reacción nueva e instintiva solo por el hecho de oír el sonido.[1]

La clave que explica el condicionamiento clásico y la reacción condicionada es que un disparador puede desencadenar una reacción fisiológica ya existente. El cuerpo posee toda suerte de reacciones condicionadas ante diversos factores desencadenantes que se le van presentando a lo largo del día. Ya hemos mencionado algunos: por ejemplo, si estipulas una hora fija y congruente para despertarte, tu cuerpo producirá cortisol *anticipándose* a la hora en que te despiertes. Y hay más: cuando bebes un vaso de agua, sacias tu sed de inmediato, incluso mucho antes de que el agua haya sido procesada por tu organismo y agregada a tus fluidos corporales. Tras dar un primer sorbo de café, puedes sentirte más despabilado, a pesar de que la cafeína todavía debe recorrer un largo camino antes de afectar a tu cerebro. Son cosas que suceden constantemente, tanto si somos conscientes de ellas como si no.

Eres el perro de Pávlov

A menudo no apreciamos la importancia que tienen el entorno y la rutina. Las cosas que nos rodean se han convertido en nuestra segunda naturaleza, y nuestras rutinas diarias a menudo vienen configuradas por fuerzas que escapan a nuestro control y a las que nos vamos adaptando: horarios laborales, horarios escolares, viajes de ida y vuelta al trabajo y ritmos y exigencias de los barrios en que vivimos. De todas esas cosas el cerebro va extrayendo información constantemente, siguiendo el hilo de lo que viene a continuación, anticipándose a las exigencias y diciéndole al cuerpo cómo debería usar sus recursos metabólicos. Tu cerebro quiere que tu cuerpo sea eficiente. Quiere optimizarlo. Y para eso desarrolla una heurística, unos métodos rápidos basados en la ejecución de unos comportamientos reiterativos.

Antes de que la pandemia truncara las rutinas prácticamente en todo el mundo, yo solía salir del laboratorio e ir directamente a casa cada día a la misma hora, justo cuando llegaba el momento de cenar. Y, de repente, todo eso cambió. No podíamos tener reunido a todo el personal a la vez en el laboratorio y tuvimos que ajustar los horarios. En mi caso, llegaba a casa muy tarde, cuando ya era de noche, o bien a media tarde. Pero tan pronto como mi mano se posaba en el pomo de la puerta de nuestro piso, sentía hambre. Daba igual la hora en que llegara a casa; mi cuerpo había desarrollado una reacción condicionada frente al estímulo de ver la puerta de mi piso. Abrir el pomo de la puerta de mi casa significaba que había llegado la hora de comer. Incluso aunque en realidad fueran las cinco de la tarde, hubiera acabado un largo turno de trabajo y ya hubiera almorzado antes, la reacción condicionada de mi cuerpo era: «¡Date prisa! ¡Empieza a fabricar insulina!».

Lo mismo podríamos decir de la cama. Tu cama puede ser un estímulo muy potente para incitarte a dormir... solo si tu cuerpo está condicionado para reaccionar al lecho de esta manera. Para las personas a las que no les cuesta nada dormir, el proceso es agradable: antes de irse a la cama, su ritmo circadiano está justo donde debe estar. El sueño ejerce una gran presión en ellas. Y cuando se meten en la cama, notan como si les cayera un peso encima, presión que es la que les permite caer dormidos. Por desgracia, a los que tienen problemas en este sentido, lo que suele sucederles es que han forjado una reacción condicionada que es contraria al estímulo que representa la cama.

La cara oscura de la reacción condicionada

«¿Sabe, doctor Prather? A mí lo que me pasa es que me entra el sueño y me acuesto, pero cuando me meto en la cama, es como si mi cerebro se despertara».

Esta es la típica frase que oigo pronunciar a los pacientes de la clínica nada más entrar. Cuando el problema que tienen para dormir es crónico, lo que suele sucederles es que han creado una reacción condicionada al hecho de meterse en la cama, y eso es justamente lo contrario de lo deseado. Describen la reacción que experimentan diciendo que, en el mismo momento en que se meten en la cama, es como «si alguien pulsara un interruptor», y eso, de repente, los pone en estado de alerta. Esta reacción tiene un nombre, y es el de *excitación condicionada*: la cama se convierte en el desencadenante que consigue que la mente entre en acción y no pare de dar vueltas, revolviéndose de inquietud. Y eso, no te quepa duda alguna, sucede porque el cuerpo se halla confundido. Ha pasado tanto tiempo metido en la cama y despierto, temiendo no poder conciliar el sueño, intentando dormir sin dejar de pensar en asuntos problemáticos y angustiosos, que ha empezado a asociar la cama con un estado de insomnio y ansiedad. Y este condicionamiento es poderosísimo, tanto como pueda serlo aquella campana que conseguía que al perro se le hiciera la boca agua cuando se tañía.

La *reacción condicionada* de tu organismo ha pasado a ser la de combatir el sueño. Por eso, lo primero que hay que hacer es romper con este condicionamiento. Necesitamos liquidar la asociación que hemos creado entre el insomnio, que resulta tan angustioso, y la cama.

Una buena manera de romper con la excitación condicionada

Los perros de Pávlov asociaban el sonido de la campana tan íntimamente con la presencia de comida que el organismo se les disparaba e iniciaba el proceso digestivo tan pronto como oían ese sonido. Pero Pávlov también descubrió que romper con esa reacción condicionada resultaba igual de sencillo si se actuaba con la constancia adecuada. Si se agitaba la campana una y otra vez y no se daba de comer a los perros, la reacción condicionada terminaba por desaparecer. Los perros oían la campana y dejaban de reaccionar. Cuando el cuerpo y el cerebro habían integrado la situación y se habían adaptado bien, el estímulo y la respuesta volvían a desligarse de nuevo.

Empezamos la semana con el primer consejo que siempre doy a los que desean mejorar la calidad de su sueño: establece una hora fija para despertarte y atente a ella. Bien; pues prepárate, porque ahora voy a darte el segundo consejo: *no te metas en la cama si no tienes sueño; y si no puedes dormir, levántate*. La combinación de estas dos estrategias, según la experiencia que me ha dado mi profesión de médico especialista en sueño, redoblan el impacto que tendrían en ti si las observaras por separado, y este es precisamente el cambio más significativo que podemos hacer si nos planteamos como objetivo dormir mejor. Cuando te levantas de la cama porque no puedes dormir, estás empezando a truncar la asociación que tu cuerpo ha establecido entre la *cama* y el *estado de alerta*. Tu cuerpo ha aprendido a reaccionar de esta manera y, por lo tanto, también es capaz de desaprender la reacción que había aprendido.

Esta reacción condicionada, el hecho de que la cama equivalga a *estar despierto y sentir ansiedad*, se encuentra en la raíz misma de la mayoría de los insomnios. Y, en parte, eso es debido a que la solución al problema nos parece contradictoria. La idea de que hemos desarrollado una reacción condicionada les encaja perfectamente bien a mis pacientes cuando se la explico; de eso no me cabe duda. Ahora bien, cuando llega la hora de la verdad y hay que *levantarse de la cama* en plena noche, cuando todo está a oscuras, eso ya es otro cantar.

Incluso los pacientes que sufren de un insomnio persistente y que quieren mejorar la calidad de su sueño a la desesperada se resisten a adoptar esta táctica (a pesar de ser una de las herramientas más poderosas que guardamos en nuestra caja de herramientas propias para dormir bien). Por esta razón es por lo que quiero repasar contigo algunos de los aspectos que resultan más preocupantes de este método.

Hay quien dice: «¡Menuda faena tener que levantarte por la noche!».

Sí, sí, ya lo sé... Es muy desagradable tener que levantarte de esa cama en la que te sientes bien, calentito y cómodo. Pero te aseguro que no existe otra manera de enseñarle a tu cuerpo que tiene que dormir.

Hay quien dice: «Me desvelo más cuando me levanto y empiezo a dar vueltas por la casa».

Créeme si te digo que no es verdad. Tú ya estás despierto. Lo único que haces si te quedas en la cama es reforzar la asociación que has creado entre el hecho de acostarte y seguir despierto. Le estás enseñando a tu cuerpo a reaccionar ante la cama con un estado de alerta y padeciendo insomnio. Entiendo que parezca contradictorio, y que pueda parecerte que levantarte es como rendirte. Pero mientras estés desacondicionando la excitación aprendida, eso es precisamente lo que hay que hacer.

Hay quien dice: «Podré dormir cuando dé con la solución a mis problemas».

Cuando no podemos dormir, o nos despertamos en plena noche, es muy probable que caigamos presa de pensamientos angustiosos y terminemos en un bucle en el que no podemos parar de darles vueltas y más vueltas a las cosas. No te niego que podemos probar algunas de las tácticas que hemos mencionado anteriormente, como la observación de trenes y los entretenimientos, pero si estos patrones de pensamiento aparecen de la mano de una excitación condicionada, vamos a tener que librar una batalla muy dura, tan dura que es muy posible que no la ganemos. Esa es la razón de que haya personas que se queden en la cama más tiempo del debido, porque están intentando «dilucidar la razón» de que alberguen pensamientos angustiosos, o pensando en lo que pueden hacer para solucionar sus preocupaciones. Tiene sentido si lo consideramos un impulso (los seres humanos siempre estamos intentando resolver problemas), pero cuesta mucho enfrentarse a todo eso en plena noche, cuando ya estamos agobiados. Por eso mismo es por lo que intentamos apartar esos pensamientos de la franja horaria nocturna, porque es mejor que los abordemos en algún momento del día, como ya dijimos en el capítulo anterior.

Hay quien dice: «Si me levanto ahora, mañana lo pasaré mal».

Quizá sea este el pensamiento más difícil de superar. Es fácil ponernos en plan fatalista hablando del sueño perdido mientras estamos intentando solucionarlo. En plena noche, que es el momento en que somos más vulnerables, todo eso nos parece apremiante, sobre todo si vamos por la vida faltos de sueño. Ver cómo el despertador va agotando el tiempo que dedicamos a nuestro sueño potencial hasta convertirlo en una cuña que se va empequeñeciendo por momentos hace que terminemos sobrecogidos pensando lo peor mientras intentamos adivinar cómo nos sentiremos al día siguiente si no nos quedamos dormidos en este preciso instante.

«Me encontraré fatal».

«No voy a ser capaz de mantener los ojos abiertos durante todo el día».

«Me voy a cargar la entrevista de trabajo que tengo mañana mismo si no me duermo en cinco minutos».

Es irónico, porque a menudo lo que sucede es que lo que realmente se interpone en nuestro camino cuando hablamos del sueño es esta sensación de apremio que acusamos para quedarnos dormidos, que se origina al pensar en todas las consecuencias que imaginamos que dormir mal nos acarreará al día siguiente. Sí, te concedo que es cierto que perder horas de sueño tiene sus consecuencias, como ya hemos comentado. Sin embargo, las implicaciones que puede tener pasar un par de malas noches no suelen ser tan perjudiciales como uno se imagina. Esta clase de pensamientos van de fábula para perpetuar la incapacidad que tenemos de conciliar el sueño, pero es que además no son ciertos.

Una de las pacientes que estoy tratando, Jasmine, es una joven muy motivada. Hasta la fecha había ostentado un cargo muy importante en una empresa y asumido grandes responsabilidades. Trabajaba muchas horas al día y tenía un horario de lo más exigente, pero es que a ella le encantaba destacar en su profesión. Un buen día sufrió un derrame cerebral.

Jasmine se ha recuperado de ese derrame, pero tras un largo proceso. El ictus la expulsó del mercado laboral y de la trayectoria profesional que había elegido. Ha perdido terreno en su profesión, y eso es algo que le preocupa tanto que se ha convertido en una fuente de estrés para ella. Jasmine sigue acudiendo a rehabilitación, y una parte de su tratamiento consiste en volver a aprender a dormir. Algunos de los tratamientos a los que se tuvo que someter implicaban que tomara una medicación que es susceptible de alterar los ritmos circadianos y de perturbar el sueño. Y una cosa así puede llevarlo a uno por los derroteros de la excitación condicionada, porque pasas mucho tiempo acostado en cama intentado conciliar el sueño. En el caso de Jasmine, que tiene la sensación de estar jugándosela en cada reunión que mantiene por Zoom y en cada llamada telefónica que atiende, puede resultar durísimo tener que sofocar los angustiosos pensamientos que llegan a interferir en su sueño. Por eso decidimos de mutuo acuerdo que dedicaríamos un tiempo a «registrar los pensamientos», que es otra manera de decir que Jasmine escribiría todo lo que estaba pensando en mitad de la noche para comprobar luego cómo se había sentido y cómo había actuado al día siguiente. Resulta muy útil constatar que estos pensamientos, en general, no suelen ser acertados. Los pensamientos modelan nuestras emociones, y cuando nos vemos sometidos en plena noche a la tiranía de unas creencias que no son ciertas, sabemos que ha llegado el momento de acabar con esos mitos que uno se va repitiendo sin cesar.

Es mucho más difícil que nuestras noches se vean pobladas por esta clase de pensamientos cuando tenemos la posibilidad de consultar los datos y decir: «Oye, ¡pues no era para tanto, la verdad!». Cuando pasamos revista a los pensamientos que registran los pacientes de nuestra clínica del sueño, lo hacemos con el mayor detalle posible: «¿Qué hay de cierto y qué hay de falso en este pensamiento en concreto? ¿Me resulta útil de alguna manera? ¿Cuáles son las pruebas que inclinan la balanza en favor de estas ideas y cuáles las que la inclinan en su contra?».

Jasmine descubrió que, a pesar de no sentirse en plena forma tras haber pasado una mala noche, ninguna de esas cosas tan horribles que se había imaginado llegó a suceder jamás. Nadie se dio cuenta, ni comentó nada sobre si estaba haciendo mal su trabajo. Jasmine lograba cumplir con lo más esencial. Y además descubrió que, a veces, cuando conseguía dormir de fábula, eso no implicaba que rindiera de manera espectacular al día siguiente. Por eso dedujimos que su rendimiento laboral quizá no estuviera tan estrechamente ligado a su sueño como ella creía. Y ser capaz de distanciarse un poco de esa angustia que le venía tan solo de pensar si dormiría bien por la noche le servía para no interferir en su propio descanso nocturno.

En la actualidad, Jasmine trabaja de asesora y, con el tiempo, quiere volver a su antiguo ámbito de trabajo. De todos modos, cuenta con muchos clientes de alto nivel que se dedican a las fusiones empresariales. No hace mucho tenía programada una llamada muy importante, y la noche anterior fue incapaz de dormir. Cuando me contó la experiencia vivida el día que nos vimos en mi consulta, Jasmine me dijo que no había conseguido dormir en absoluto. Al día siguiente se vio obligada a hacer la llamada sin haber pegado ojo, pero la hizo. «Fíjate... —comenté—. Te pasó lo peor que podía pasarte y, aun así, saliste airosa de la situación».

A partir de ahí fuimos hilvanando fino, buscando dar con alguna frase que ella pudiera utilizar para acordarse de que esa experiencia en concreto le había salido bien en el pasado. «Todo irá bien; la última vez tampoco pasó nada del otro mundo». «Ya he vivido una situación parecida y la he superado». «Lo que deseas es hallar un método rápido que te ayude a recuperar la sensación de calma, que te haga adquirir el convencimiento profundo de saber que todo irá bien, aunque hayas perdido algunas horas de sueño. No te conviene estar dando vueltas y más vueltas a las cosas e intentar solucionar el problema en mitad de la noche. Vale más que te plantees hacerlo de día, y recordar que ya habías pensado en el tema cuando era de noche».

Por eso insisto en que, la próxima vez que estés en la cama y te agobies porque no eres capaz de conciliar el sueño, recuerdes que todo irá bien. La clave, de todos modos, está en que cuando te encuentres despierto y activo mentalmente, te levantes de la cama físicamente. Yo aconsejo a mis pacientes que se pongan a hacer alguna de las actividades que les sirven para relajarse, y que cuando les entre el sueño, vuelvan a meterse en la cama otra vez. ¿Y qué pasa si, de repente, vuelves a despertarte? Adivina... ¡Te levantas otra vez! Lo que estás haciendo es algo así como restaurar la sensación de somnolencia que pueda inspirarte la cama. Estás poniendo el cuenco de la comida en el suelo y tocando la campana, una y otra vez, hasta que tu cuerpo empiece a reaccionar.

La moraleja es que no existe un método infalible. No puedes ordenarte mentalmente que debes dormir. La única manera de sustituir una excitación condicionada por una reacción diferente es sustituyéndola una y otra vez, e insistiendo en esa sustitución, hasta que el cuerpo se haya adaptado. *Y, créeme, se adaptará.*

El control de los estímulos: la pieza fundamental del rompecabezas del sueño

Todo lo que hemos aprendido esta semana forma parte de lo que se denomina *terapia cognitivo-conductual del insomnio*. La terapia cognitivo-conductual es un tratamiento psicológico y conductual que se usa para tratar una amplia variedad de casos, desde la depresión hasta la ansiedad, pasando por el insomnio. El principio fundamental que la rige nos dice que los pensamientos, las conductas y las emociones se encuentran vinculados entre sí. A menudo, los problemas que tenemos para dormir surgen de patrones que hemos aprendido a partir de conductas indeseadas. Y cuando hablo de conductas indeseadas, lo que quiero decir es que hemos aprendido una manera de abordar las cosas (la vida), en función del estrés y de los desafíos a los que debamos enfrentarnos que no nos sirve. Quizá en un momento dado tuvieran sentido intuitivamente, pero a largo plazo han terminado por perjudicar tu salud y tu bienestar.

Como vimos anteriormente con Jasmine, muchas personas tienen problemas para dormir porque se encuentran aferradas a unas ideas equivocadas sobre lo que representa el sueño. La ansiedad que nos provoca ignorar si vamos a dormir bien es precisamente lo que sabotea la capacidad que tenemos de dormirnos. Pero lo que resulta fascinante sobre el insomnio es que, más que lo que sucede con otros temas, como pueda ser el de la depresión, por ejemplo, advertimos la existencia de un componente conductual. Dejemos bien clara una cosa: no estoy diciendo que la gente tenga la culpa de padecer insomnio, porque la mayoría de nuestros hábitos y conductas han surgido de la necesidad tanto de gestionar nuestros horarios como nuestro estrés, del hecho de ser padres, del empleo que tenemos, del entorno y de muchas otras cosas. El hecho de que el insomnio surja de una *conducta adoptada* nos hace albergar esperanzas. Significa que si damos a las personas el conocimiento y las herramientas, y les indicamos el camino, estas podrán cambiar sus hábitos a la hora de dormir. Por eso, como médico, mi enfoque siempre ha sido gestionar primero todo lo que tenga que ver con la conducta y nos resulte accesible, y luego abordar las *creencias perturbadoras* que nos hemos fabricado sobre el sueño. Y esa cadena puede llegar a ser muy difícil de romper. Pero si podemos conseguir que duermas un poquito mejor aplicando unos simples y sencillos «arreglos» a tu conducta, es muy probable que empieces a desarrollar por ti mismo una especie de «dominio del dormir». Y ya verás cómo esa ansiedad que sientes al ir a la cama empezará a desaparecer con toda naturalidad.

Por esta razón nos centramos en unos principios fundamentales del comportamiento que puedes aplicar de inmediato y que van a ejercer una gran influencia, como es el control de los estímulos, que es el tema del que hemos estado hablando y que empezarás a poner en práctica hoy mismo. Resulta que uno de los problemas principales que surgen de nuestro comportamiento es que nos relacionamos muy mal con la cama. Hemos erosionado esa asociación tan fuerte que habíamos establecido entre la cama y el sueño. Por eso, cuando arreglemos este particular, podremos acotar muchos otros elementos, como por ejemplo los patrones de pensamientos angustiosos, que son una de las cosas que nos mantienen despiertos por la noche.

No quiero que te sientas mal cuando oigas decir que la mayoría de los problemas que tenemos para dormir surgen de nuestra conducta. Quiero que te sientas empoderado para poder afrontarlo. Cuantas más cosas sepas, es decir, cuanto mejor comprendas las cosas que funcionan y la razón de que así sea, y cuando comprendas la manera en que tu cuerpo reacciona a tu entorno y a tu rutina habitual, y el porqué de todas esas cosas, más capaz serás de intervenir, y todo te resultará mucho más fácil.

Cuando visito a mis pacientes en la clínica les digo que empiecen por controlar los estímulos. De todos modos, poco se puede hacer por ellos el primer día que vienen a consulta, porque tenemos que enviarlos a casa con un diario del sueño bajo el brazo (como el que has estado escribiendo tú), diciéndoles que recopilen todos los datos que puedan y regresen con información tangible que poder evaluar. Será entonces cuando planearemos las intervenciones más apropiadas. Lo curioso del control de los estímulos es que es algo que funciona para todo el mundo. Es importante, es poderoso, y puedes aplicarlo de inmediato. Por eso, en lo que respecta a mis pacientes, yo no espero. Aunque no estoy muy seguro de cuál será el camino en concreto que emprenderán, lo que sí sé es que se lo van a encontrar en el ejercicio de hoy.

EL EJERCICIO DE HOY

CONVIERTE TU CAMA EN UN DESENCADENANTE DEL SUEÑO

Si tienes problemas con la excitación condicionada, piensa que no eres el único. Una amplia mayoría de los pacientes que vienen a nuestra clínica del sueño la padecen y tienen que practicar lo que llamamos *control de los estímulos*. Te dije que hoy entrenarías el cerebro como si fueras el perro de Pávlov. Bien, pues así es cómo lo vas a hacer:

Norma número 1. No te metas en la cama hasta que te entre el sueño

Recuerda que empezarás a relajarte aproximadamente unas dos horas antes de acostarte. Pero toma conciencia de tu cuerpo. No seas inflexible en este tema. Si se ha terminado el plazo de dos horas que te habías propuesto y sigues con los ojos abiertos como platos, ¡vuelve a relajarte! Y recuerda que, aunque nos gustaría mucho tener más control sobre nosotros mismos, no somos nosotros precisamente quienes decidimos cuándo ha llegado el momento de quedarnos dormidos. Es el sueño el que te sobreviene. Por eso te pido que cambies de actividad y hagas algo que te resulte menos estimulante. Por ejemplo, si has estado leyendo, relájate escuchando música con los ojos cerrados (en este punto, yo te recomendaría meditar, si este es tu fuerte).

Norma número 2. No hagas cosas que no toca hacer en la cama

Me refiero a que no uses el teléfono ni el ordenador, y que no te pongas a leer. La cama es donde se duerme y se practica el sexo. Advertencia: no siempre será así. No te sientas condenado a dejar de ver Netflix metido cómodamente en tu cama. Pero cuando te estás proponiendo arreglar el problema que tienes, debes ser lo más sincero que puedas con tu cuerpo y no enviarle mensajes confusos.

Norma número 3. Date una oportunidad

Si te metes en la cama porque tienes sueño, y aun así no consigues quedarte dormido, no pasa nada. ¡Date una oportunidad! Date unos quince minutos de margen. A menudo la gente tarda entre quince y veinte minutos en quedarse dormida; eso es lo normal. Quiero que te concedas una oportunidad, y que seas sincero contigo mismo: no se trata de que vayas mirando el reloj como si fueras un ave de presa para ver si ya han transcurrido los quince minutos. Intenta hacer el ejercicio de visualización que aparece en la página 146: ocupa tu memoria operativa con algo agradable y vívido. Si notas que te asaltan los pensamientos y que te impiden conciliar el sueño, intenta hacer el ejercicio que ya comentamos sobre la observación de trenes.

Norma número 4. Si te notas animado, ¡levántate!

Si has seguido la norma número 3 y has batido la marca de pasarte entre veinte y treinta minutos acostado en la cama, ha llegado el momento de que te levantes. Levántate y vuelve a ponerte en «modo relajación». Retoma el libro que estabas leyendo. Escucha un poco de *jazz* suave. Enciende unas velitas olorosas. Tómate una infusión. Cuando vuelvas a notar esa dulce somnolencia, regresa a tu cama.

Una observación: no te estoy diciendo que te quedes sentado en la sala de estar completamente a oscuras. Tienes mucho material a tu disposición para relajarte. Pero hay ciertas cosas que no debes hacer, y eso es importante. No enciendas todas las luces, porque nuestra intención es que siga fluyendo la melatonina en tu cuerpo. No dediques ese momento a ser más eficiente (no es el momento de ponerte a borrar correos ni de lanzarte a fregar esos platos que habías dejado para el día siguiente). Todo esto forma parte del ejercicio que debes hacer si quieres mejorar la calidad de tu sueño. Cuando tengas que levantarte de la cama, porque eso forma parte del condicionamiento de tu sueño, el mismo instante en que te levantes ya pasará a formar parte tu relajación. Presérvalo.

Norma número 5. ¡Sé constante!

Haz este ejercicio cada día, no solo hoy, sino también mañana, y al día siguiente... Estas cosas no funcionan de la noche a la mañana. Hace falta un tiempo. Los perros de Pávlov asociaron físicamente el sonido de las campanas con la llegada de la comida porque interiorizaron un patrón. Es necesario que tu cuerpo lo interiorice, y eso significa que habrás de convertirlo en un patrón. Ser sistemático e ir repitiendo la misma conducta son dos aspectos fundamentales. Puede que llegues a tardar un par de semanas en comprobar los resultados. Y estos resultados pueden ser de lo más variopinto, porque tú no eres un robot, y las personas somos diferentes. Incluso Pávlov y sus ayudantes observaron enormes diferencias en las reacciones de los perros. Sus personalidades individuales y las tendencias que mostraban influían en su reacción al condicionamiento. No existe una fecha límite ni un listón que haya que superar para salir triunfante. Pero si practicas sistemáticamente y desarrollas las otras estrategias que hemos estado practicando (y esto es importante, porque en el laboratorio, todas estas tácticas se practican concertadas entre sí, y no individualmente), verás cómo cosechas buenos resultados.

Si te despiertas en plena noche (que es algo que a todos nos pasa, y mucho más de lo que creemos, aunque luego no nos acordemos), piensa que las reglas de las que hemos venido hablando se aplican también en este caso. No te quedes en la cama más de veinte minutos solo porque son las tres de la mañana. Recuerda que lo que quieres que tu cuerpo aprenda es que la cama equivale a sentir somnolencia. Sabemos, a partir de estudios que se han realizado sobre el sueño, que este mecanismo funciona: si practicas el control de los estímulos sistemáticamente, la cama se convertirá en un desencadenante para el sueño que te será muy útil, en lugar de ser un campo de batalla en el que afloren tus angustias. No tardarás en notar que, cuando estás acostado en la cama, se dan unos cambios fisiológicos en tu cuerpo que primarán que te entre el sueño con más rapidez. La cama en sí puede llegar a convertirse en el portal que uno debe cruzar si quiere quedarse dormido.

Resolución de problemas

¿Y si no puedo levantarme de la cama?

Este es un tema que sale con frecuencia y que es relevante. En mi trabajo trato con personas que corren el riesgo de caerse si se levantan por la noche, que tienen dolores crónicos y cuya capacidad de movimiento es reducida, que viven en un estudio en el que la cama es el único lugar donde sentarse porque no existe ningún otro espacio donde meterse, si no es ahí, y también trabajo con personas que viven en pareja y no quieren molestarla con tanto levantarse y acostarse.

En todos estos casos, nos remitimos al principio que subyace a todo lo que hemos dicho: haz que tu experiencia de estar acostado no se identifique con la de intentar quedarte dormido. Haz todo lo que puedas para proporcionar a tu cuerpo una señal bien clara que le dé a entender que eso no es dormir.

Si no puedes levantarte de la cama, te daré unas cuantas estrategias alternativas que suelo recomendar.

- ¡Incorpórate y recuéstate apoyado en el cabezal! Marca con claridad, con tu postura y tu posición, que ya no estás en «modo sueño».
- ¡Desplázate al otro extremo de la cama! Puedes relajarte a un par de palmos de donde duermes habitualmente... y luego «volver a la cama» ocupando el lado que te toca. Cuando yo era pequeño, solía leer metido en la cama, acostado del revés, y luego me ponía en la posición habitual en la que solía dormir. No sé por qué, pero a veces pienso que siempre me he estado especializando en el sueño...

¿Y si tengo pareja?

Si lo que te preocupa es la posibilidad de despertar a tu pareja, estás ante todo un reto. A mí no me gusta recurrir a la expresión *divorcio por incompatibilidad de sueños*. ¡Me suena a ultimátum! Sopesa, más bien, la idea de que os toméis un descanso nocturno si sabes que te pasarás la noche echado en la cama y sin dormir porque te sabe mal molestar a tu pareja. Si es este el caso, me estás describiendo la receta perfecta para seguir en «modo excitación». Acondiciona tu dormitorio en la habitación de invitados, si es que tienes una... Si, por el contrario, tu pareja no tiene problemas para dormir, quizá podría ser ella quien ocupara esa habitación, y así tendría un detalle contigo.

La otra cuestión tiene mucho que ver con los valores y con las actividades a las que la gente dedica el tiempo libre, que podrían estar estrechamente vinculados con la identidad y las manifestaciones amorosas. He tenido como pacientes a varias parejas a las que les gusta irse a la cama juntas y ponerse a leer o a ver un programa de televisión; es un momento especial para ellas, y una parte de su rutina cotidiana que defienden a capa y espada. La idea de usar la cama solo para dormir no encaja bien con sus valores.

Tuve una pareja que hacía eso exactamente. Ellie y Spencer, por llamarlos de alguna manera, estaban a punto de cumplir los setenta años. Ambos estaban jubilados, pero tenían una vida muy llena. Pasaban la jornada ayudando en el cuidado de los nietos y participando como voluntarios en distintas organizaciones del barrio. Tenían la costumbre, desde hacía años, de acostarse juntos, y además bastante temprano, para leer la prensa e intercambiarse los artículos. Y no querían dejar de hacerlo.

—¿No podríamos hacer otra cosa y dejar las cosas tal y como están? Para nosotros es una manera de relajarnos...

—Por supuesto que sí. Aquí los que elegís sois vosotros —dije—. Me parece muy bien. De hecho, me parece francamente bien. Pero, veréis... Hay una pega. Lo cierto es que no se puede tener todo en la vida. Si habéis venido a verme es porque os cuesta mucho dormir. Y podría darse el caso de que seguir con esta rutina y dormir bien no sea tan compatible como parece. Es lo mismo que pasa cuando seguimos una receta: si ponemos todos los ingredientes y no añadimos los huevos, la tarta no nos va a salir bien.

Tú tienes el control de la situación, pero en realidad estás obligado a elegir. ¿La rutina que tanto te place y de la que te podrías despedir es más importante que mejorar tu calidad del sueño o no? La respuesta depende de cada persona. Y considerar que esa respuesta es una elección en lugar de ser algo que pasa porque sí nos sirve a todos para ver que somos capaces de negociar en función de las cosas a las que damos más valor. Quizá tardes más en conciliar el sueño por una u otra razón, pero si eres capaz de llegar a ese punto de aceptación en el que desaparece la inquietud, adelante con ello... Eso es que, para ti, funciona. Es como decir: «Tomo esta decisión porque valoro este tiempo en concreto que paso con mi pareja». Aunque quizá valdría más la pena optar por una solución creativa. Ellie y Spencer disfrutaban relajándose juntos en la cama porque asociaban el resto de la casa a todo lo que les había quedado pendiente: lavar los platos, regar las plantas, barrer el suelo, responder los correos recibidos, etcétera. Disfrutaban tanto pasando ese tiempo juntos en la cama porque les parecía estar en un barco en medio del mar, en un lugar recluido y aislado de cualquier otra cosa que requiriera su atención o que representara una interrupción. Al final decidieron montarse un lugar bien recogidito en la sala de estar al que llamaron «nuestro escondrijo nocturno», y en él dispusieron un sofá muy cómodo, unas mantas suaves y un biombo plegable para que les tapara la visión del resto de la casa. Así fue como volvieron a ser capaces de disfrutar de la misma calidad de tiempo que disfrutaban juntos sin renunciar a aquel principio que dice que la cama es para dormir, y que tan bien les fue para combatir su insomnio.

DÍA 7

QUÉDATE LEVANTADO HASTA TARDE

Dime: ¿dormiste bien anoche?

Si la experiencia te disgustó, deja que te diga que no me sorprende en absoluto. Establecer una reacción condicionada a tu cama que sea sana cuesta mucho de entrada. Al principio es como un baile —y no muy agradable, la verdad sea dicha—. Te sientes soñoliento, te vas a la cama, notas que te desvelas, te levantas y esperas a que vuelva a entrarte el sueño; luego te metes en la cama otra vez y sientes que te has desvelado. Si a la mañana siguiente te notas más cansado de lo normal tras tanto levantarte y acostarte, ¡perfecto! Vas a sacar partido a la situación.

Si anoche no estuviste tanto tiempo metido en cama, hoy el sueño ejercerá más presión en ti, porque se te ha acumulado. Y antes de que llegue la noche, la presión de tu sueño será algo superior a la que tenías anoche a la misma hora. En parte, la razón de que el control sobre los estímulos funcione es que has enseñado a tu cuerpo a asociar la somnolencia con la cama, como ya hemos dicho anteriormente.

Pero la otra razón fundamental de que esto funcione es que estás acelerando el impulso homeostático del sueño. Cuando estás echado en la cama, aunque no duermas, alivias un poco la presión del sueño; descansar así, en realidad, te permite dejar escapar un poco del aire de ese globo. Y eso puede volverse en tu contra, porque cuando notas ese alivio, pierdes algo de la presión que necesitas para conciliar el sueño. Cuando pedimos a nuestros pacientes que se levanten de la cama (aun cuando sea para hacer alguna actividad que los relaje) vuelve a activarse el impulso homeostático del sueño. La presión para dormir va en aumento y el globo se hincha más. Cada vez que te acuestas con el objeto de asociar la sensación de somnolencia que notas con la cama, más probabilidades tienes de salir victorioso. Y las cosas tendrían que ir mejorando con el paso del tiempo.

Ahora bien, podemos enfocar las cosas con mayor precisión y activar más a fondo el impulso homeostático del sueño. Es el arma más efectiva de todo nuestro arsenal para combatir el insomnio. Puede servirnos para estabilizar nuestro ritmo circadiano. Puede servirnos para asociar la cama con la somnolencia. Puede servirnos para descubrir cuál es la hora ideal para acostarnos, así como la cantidad ideal de horas de sueño que necesitamos. Puede servirnos para sentir menos angustia por el hecho de tener que ir a dormir y sentir que estamos al mando. Incluso puede servirnos para sustituir las pastillas para dormir. A eso se le llama *restricción del sueño*, y se resume en lo siguiente: quédate levantado hasta tarde, y cuando digo tarde, quiero decir muy tarde.

¿Tu sueño es eficiente?

Hay una buena razón para que no empezáramos la semana con esta estrategia, por muy efectiva que sea. En primer lugar, necesitábamos unos cuantos datos.

A comienzos de la semana te pedí que asumieras el papel de especialista en sueño durante siete días, y que realizaras tu propio experimento personal, que hicieras un estudio clínico en casa en el que fueras tanto el sujeto como el investigador. Lo fundamental era que llevaras un diario del sueño, que empezarías el día 1. Es decir, hoy ya deberías tener los datos pertenecientes a seis noches. Y con eso en principio nos bastaría para calcular aproximadamente cuál es la *eficiencia de tu sueño.*

La eficiencia del sueño es algo muy simple: se trata de saber cuánto tiempo pasas dormido en realidad, en relación con el tiempo que te brindas para irte a dormir; es decir, tu oportunidad de sueño.

Primero definamos lo que significa *oportunidad de sueño.* Tu oportunidad de sueño es el periodo de tiempo que comprende desde el momento en que te acuestas por la noche hasta el momento en que te despiertas por última vez por la mañana. Por eso, aunque ejerzas algún control sobre los estímulos, como dijimos en el capítulo del día 6, y físicamente te levantes de la cama en plena noche si no tienes sueño, el tiempo que pasas fuera de la cama sigue formando parte de tu oportunidad de sueño. Piensa en esta oportunidad como en un cronómetro que inicia el cómputo en el mismo momento en que te acuestas por primera vez en la cama y es de noche, y lo termina en el momento en que te despiertas al final, cuando ya es de día. No importa lo que haya sucedido en el ínterin, porque todo ese intervalo de tiempo entra dentro de la oportunidad de sueño.

Ahora que ya sabemos lo que significa la oportunidad de sueño, podemos hablar de la eficiencia del sueño. La eficiencia del sueño se mide en porcentajes. Te daré un ejemplo: Ben se acuesta a las diez de la noche y a las diez y media ya está durmiendo; duerme toda la noche sin interrupciones, y solo se despierta cuando la alarma del despertador suena a las seis de la mañana. Su oportunidad total de sueño es de ocho horas (cuatrocientos ochenta minutos), duerme durante siete horas y media (cuatrocientos cincuenta minutos) y la eficiencia de su sueño es del 94 %. Te lo escribiré en forma de ecuación, y emplearé en ella minutos en lugar de horas (porque así es como lo calculamos en el laboratorio):

450 min / 480 minutos de oportunidad de sueño
= 0,9375 (94 %)

Así es la noche ideal de Ben. Eso no quita que, en ocasiones, Ben se despierte alguna vez en mitad de la noche, sobre las dos de la mañana, y se quede echado en la cama durante una hora aproximadamente. Durante esas noches, la eficiencia de su sueño es la siguiente:

390 minutos dormido / 480 minutos de oportunidad
de sueño = 0,8125 (82 %)

En general, lo que queremos ver es una eficiencia del sueño al menos de un 85 %, si no más. Es el umbral al que apuntamos, excepto si uno es ya muy mayor, porque las personas mayores en general tienen un sueño más fragmentado. Con personas de más de sesenta y cinco años, pretendemos alcanzar una eficiencia del sueño de un 80 %.

La eficiencia del sueño de Ben es bastante buena. De promedio, alcanza sin problemas la marca del 85 % la mayoría de las noches. Además, se encuentra bien, y no tiene que esforzarse demasiado.

Gordon, el marido de Ben, en cambio, tiene un problema distinto. Se acuesta con Ben a las diez de la noche, pero normalmente no puede conciliar el sueño hasta la una de la madrugada, o incluso puede que lleguen a darle las dos. Cuando Ben se queda dormido, cosa que no le cuesta demasiado, Gordon se queda mirando el móvil, o coge un libro o una revista para no estar tan expuesto a la luz azul. Cierra los ojos un momento y, si ve que no le funciona, vuelve a coger el móvil, se pone los pinganillos y ve algún programa o va repasando lo que han colgado en Instagram o en TikTok.

Cuando llegó el momento de sumar los números registrados en su diario del sueño, descubrimos el promedio de tiempo que Gordon pasaba dormido y la media de su oportunidad de sueño sumando estas dos columnas y dividiendo el resultado entre los seis días de duración del experimento. El tiempo que pasaba dormido de media resultó ser de trescientos cinco minutos. Su oportunidad de sueño, en promedio, como la de Ben, era de cuatrocientos ochenta. La eficiencia de su sueño fue del 64 %. El resultado: fatal.

Con Gordon pasaban dos cosas. Una, que no ponía en práctica el control de los estímulos de la manera que nos habría gustado (pasaba mucho tiempo en la cama sin dormir haciendo otras cosas, como meterse en las redes sociales, por ejemplo). Gordon era el primero en admitir que se dedicaba a esas actividades para ver si le permitían tranquilizarse y relajarse. Nos contó que comprobar su correo para asegurarse de que no había llegado nada urgente lo tranquilizaba, y que conectarse a Instagram lo relajaba. Sin embargo, teníamos claro que Gordon tenía mal resuelta la excitación condicionada (al final terminó por levantarse de la cama, pero no sistemáticamente). Por otro lado, se acostaba a la misma hora que Ben, ya que eso formaba parte de su rutina habitual como pareja, no porque tuviera sueño a las diez de la noche. Esa situación le generaba un gran aturdimiento a la mañana siguiente, cuando el despertador de Ben se disparaba y lo despertaba. A veces Gordon se levantaba con Ben para preparar el café y charlar con él en la cocina antes de que su esposo se fuera a trabajar, pero había otros días en que volvía a meterse en la cama (Gordon iba a la universidad para sacarse un máster, y sus clases no empezaban hasta más entrada la mañana). La hora a la que Gordon se despertaba iba variando. Admitió que se sentía más despierto por las noches, pero que tomar por costumbre acostarse a las dos de la madrugada era demasiado para él. Por si fuera poco, el problema de insomnio que tenía le provocaba irritación y ansiedad. Se sentía cansado, notaba que no rendía bien en la facultad y tenía algún que otro problema de salud. En realidad, estaba hecho polvo. Cuando rellenó un informe sobre su estado de salud de los últimos meses, lo que relató fue que había padecido un mayor número de resfriados y de enfermedades víricas de lo que suele ser habitual para un hombre de su edad que se encuentre en buena forma física.

Recuperaremos el caso en concreto de Gordon dentro de unos instantes, pero, por el momento, *revisemos cuál es la eficiencia de tu sueño*. Voy a enseñarte a calcular la eficiencia promedio de tu sueño con el ejemplo que expongo a continuación.

Completa, por favor, esta tabla lo mejor que puedas:

Días de la semana	Domingo	Lunes	Martes	Miércoles	Jueves	Viernes	Sábado
Hora a la que sueles quedarte dormido	23.45	22.30	00.05	23.15	00.30	01.00	00.00
Tiempo que has tardado en quedarte dormido (en minutos)	15	45	20	25	10	5	30
Cantidad de veces que te has despertado y has intentado volver a dormir	1	3	3	1	2	2	1
Tiempo que estuviste despierto en las vigilias que has señalado anteriormente (en minutos)	120	60	60	120	10	90	20
Hora a la que te has despertado por última vez esta mañana	06.00	07.00	07.00	07.30	06.15	08.00	09.00
Describe la calidad de tu sueño (de 0 a 100, siendo 100 la puntuación máxima)	70	40	50	30	75	40	70
Oportunidad de sueño (en minutos)	375	510	415	495	345	420	540
Tiempo que pasas dormido (en minutos)	240	405	335	350	325	325	490
Eficiencia de tu sueño	64,0 %	79,4 %	80,7 %	70,7 %	94,2 %	77,4 %	90,7 %

Como puedes ver, la oportunidad de sueño es el tiempo total que te marcas desde que intentas dormirte por primera vez hasta que te despiertas por última vez por la mañana (una observación: puede que ya estuvieras en cama bastante antes del momento en que te dispones a dormir; recuerda que, como ya hemos dicho anteriormente, no deberías meterte en cama hasta que sientas sueño e intentes quedarte dormido).

El tiempo que uno está dormido se calcula a partir de tomar el valor de la oportunidad de sueño y restarle el tiempo que uno no está dormido, incluida la cantidad de minutos que conlleva conciliar el sueño en primer lugar y la cantidad de minutos que transcurren cuando estamos despiertos en plena noche.

Echemos un vistazo al ejemplo anterior. El domingo, una persona se metió en la cama para dormir a las 23.45 horas. A pesar de que se despertó una sola vez en plena noche, la última vez que se despertó fue a las 06.00. El intervalo que comprende desde el momento en que se mete por primera vez en la cama, a las 23.45, hasta el momento en que se despierta por última vez, a las 06.00, es de 375 minutos. Por eso, la oportunidad de sueño de esa persona el domingo pasado fue de 375 minutos.

Sin embargo, de los 375 minutos de oportunidad de sueño que tuvo, pasó 15 minutos *intentando dormirse*, y ese estado de vigilia duró 120 minutos mientras estaba en mitad de la noche. Por eso, para calcular el tiempo que ha pasado dormida esta persona, hay que tomar esos 375 minutos de oportunidad de sueño con los que empezó, y restarles los 15 y los 120 que pasó sin dormir. Y eso nos da como resultado un valor de 240 minutos, que son los minutos que ha pasado dormida.

Para calcular la eficiencia del sueño, tomamos el tiempo que estamos dormidos (240) y lo dividimos entre la oportunidad de sueño (375), y eso nos da 0,64, que es el 64 % de eficiencia del sueño.

Ahora que ya sabemos todas estas cosas, vuelve a repasar las páginas del diario que has estado escribiendo y calcula tu oportunidad de sueño, el tiempo que pasas dormido y la eficiencia de tu sueño cada noche.

Una vez que hayas calculado la eficiencia del sueño de cada una de las noches de la semana pasada, podrás descifrar la eficiencia del sueño en promedio que has tenido a lo largo de la semana. Si hago el cálculo a partir del ejemplo que he propuesto anteriormente, sumaría los siete valores de la fila de la eficiencia del sueño y dividiría el total entre siete. Es decir, haría 64,0 + 79,4 + 80,7 + 70,7 + 94,2 + 77, 4 + 90,7 = 557,1. A continuación dividiría 557,1 entre 7 y obtendría 79,6. Por eso decimos que la eficiencia del sueño promedio del ejemplo anterior es del 79,6 %.

Toma tu diario del sueño, haz los cálculos de los que ya te he hablado y calcula la eficiencia promedio del sueño que has tenido la semana pasada.

Mi eficiencia del sueño actual es: ______________ %.

Si te da un valor del 85 % como mínimo, eso quiere decir que estás en buena forma en lo que respecta a esta cuestión. Quizá no duermas a la perfección, pero estás siguiendo los postulados de la ciencia del sueño, y eso es fantástico. Quizá tu desafío esté en intentar conservar esta cifra, sobre todo en lo que respecta al control de los estímulos (y, al ser una trastada que uno tenga que levantarse de la cama por las noches cuando no puede dormir, aquí es donde muchos pacientes empiezan a saltarse las normas). Si la eficiencia de tu sueño es buena, pero sigues sin estar contento, ¡paciencia! Ya retomaremos el tema más adelante.

En el caso de Gordon, que tenía una eficiencia del sueño de poco más del 60 %, teníamos muy claro el punto en el que debíamos empezar: *en primer lugar, por el control de los estímulos*. Gordon tenía que levantarse, sí o sí, cuando no tuviera sueño o no pudiera conciliarlo. Pero existe una segunda estrategia, que trabajamos con él, y que es una de las maneras más rápidas y eficaces de solucionar los problemas del insomnio y conseguir alinear de nuevo los procesos del sueño, y es la *restricción del sueño*.

La restricción del sueño: fórjate la presión de tu propio sueño

El impulso homeostático para dormir es tu arma secreta. Lo que vamos a hacer es utilizar los datos de tu sueño para intensificar la presión del globo, y lo haremos básicamente dejando que este se vaya llenando hasta que alcance su capacidad máxima. Tampoco es que estemos hablando de astrofísica. Lo que queremos conseguir es que te sientas cansado; es más, cansadísimo. Así es como enseñamos al cuerpo a quedarse dormido. Le enseñamos cuándo y dónde debe dormir, y cómo abandonarse al sueño con más rapidez y facilidad.

En el caso de Gordon, el primer paso que dimos fue el de cambiarle el horario en que se iba a la cama. Redujimos su oportunidad de sueño a la misma cantidad de tiempo que en realidad dormía, y luego le añadimos media hora más. Recuerda que no puedes desconectarte del todo como si fueras un ordenador, y que ni siquiera puedes hacerlo cuando la presión de sueño que sientes está a punto de hacer estallar tu globo. Siempre conlleva un poquito de tiempo hacer la transición, y eso hay que tenerlo en cuenta. Al reducir la oportunidad de sueño para que esta concuerde exactamente con el tiempo que en realidad duermes por las noches, *no pretendemos que te despiertes más temprano*. Lo único que queremos es que te quedes levantado hasta muy tarde. En la clínica, casi nunca les digo a mis pacientes: «Quiero que a tal o a cual hora ya estés dormido». Al contrario, lo que siempre les digo es: «No quiero que te acuestes *antes de las...*». En el caso de Gordon, la hora que anotó en ese espacio en blanco fue la una de la madrugada.

¿Te parece radical? Bueno... Pues sí que es radical, por supuesto que sí. La restricción del sueño puede ser un tanto radical. A veces, cuando la ponemos en práctica en el laboratorio, les decimos a los pacientes que pernocten en nuestra clínica del sueño para poder monitorizarlos. Les pedimos que no conduzcan durante el periodo de restricción del sueño, y que no hagan nada que pueda resultar peligroso para ellos o para los demás (si este enfoque te parece un tanto radical, o si tienes un problema de salud por el que no es aconsejable que sigas el método, tranquilo, porque cuando lleguemos a las instrucciones prácticas te proporcionaré una versión más suave y gradual de lo que denominamos *compresión del sueño*, así podrás empezar a retrasar poco a poco la hora en que te acuestas). Ahora bien, quiero hacer una observación muy importante sobre este método que nos ocupa: para la mayoría de las personas que tienen problemas con el insomnio, la restricción del sueño como intervención en realidad no causará que duerman menos de lo que ya duermen de por sí. La diferencia sencillamente estribará en que pasarán *menos tiempo metidas en cama*. Y, para ser precisos, podríamos decir que la restricción guarda una gran relación con el tiempo que pasamos en cama, porque a menudo es de eso de lo que se trata. Sabemos la cantidad de tiempo que duermes porque la hemos registrado y calculado previamente. Vamos a *empaquetar* tu sueño, por así decirlo (afianzándolo primero y cambiándolo luego) para acelerar el impulso homeostático con el fin de que puedas conciliar el sueño y seguir durmiendo; y, además, para romper el condicionamiento que demuestras asociando la cama a los momentos de insomnio y lucha.

Dicho lo cual, si tu eficiencia del sueño no es elevada, las primeras veces que te acuestes, según dicta tu restricción del tiempo en la cama, quizá debas hacerlo muy tarde, en función de los cálculos que hagas y de la hora resultante que hayas obtenido para acostarte hoy. Gordon se quedó anonadado cuando vio lo que le prescribía: «¿Tengo que quedarme levantado hasta la una de la madrugada? —exclamó—. Pero ¡qué dices!». Eso significaba que debía acostarse tres horas después que su marido, y Gordon, que era una persona extrovertida y muy sociable, prefería pasar sus momentos de ocio en compañía. No estaba acostumbrado a tener que ocupar el tiempo que dedicaba a relajarse en soledad. Le aconsejé que se quedara en la sala de estar, porque así podría relajarse en el sofá y ver sus programas de televisión favoritos, leer los artículos de las revistas que tenía abiertos en el móvil y para los que nunca encontraba un momento del día que fuera apropiado, o ponerse al día sobre las cosas que subían sus amigos a Instagram (siempre y cuando eso lo relajara y no derivara en tener que ir dándole con el dedo a la pantallita con la atención casi perdida o ponerse a hacer comparaciones angustiosas; le recomendé que se pusiera un temporizador para asegurarse de no caer presa de las redes y de no perder demasiado tiempo conectado).

«De todos modos, tampoco ibas a dormir, así que...», insinué a título informativo. Y Gordon me dio la razón.

Gordon se encontraba en el extremo más opuesto del espectro de la restricción del sueño que repasaremos más adelante (piensa que nunca rebasamos el límite de las cinco horas). Aunque haya personas que padezcan un insomnio terrible y el tiempo que pasan durmiendo en realidad sea muy inferior, no retrasaremos la restricción más de cinco horas. El objetivo es acumular una deuda de sueño que nos facilite conciliar el sueño y seguir durmiendo, no dejarte completamente destrozado.

En general, iniciamos el proceso de restricción del sueño apuntando al objetivo de ceñirnos a un nuevo horario por el que debemos acostarnos más tarde durante toda una semana. Y lo que los pacientes comprueban es que empiezan a acumular una deuda de sueño. De todos modos, durante el tiempo que dedican a relajarse, se sienten supercansados. Miran el reloj y esperan que llegue la hora que les han prescrito para acostarse (y tanto si es a la una de la mañana, a medianoche, a las once como incluso a las diez, empiezan a notar como si tuvieran que esforzarse en permanecer despiertos para conseguirlo). Cuando al final se meten en la cama, dicen que tardan unos diez minutos como máximo en caer rendidos de sueño. También cae en picado la cantidad de veces que se despiertan en plena noche: o no se despiertan en absoluto, o puede que se despierten una sola vez en toda la noche. Lo que resulta más relevante de esta situación es que cuando efectivamente se despiertan, a menudo llevan tanto sueño acumulado que no les cuesta demasiado volver a dormir.

Antes de que finalizara la semana, la eficiencia del sueño de Gordon había aumentado exponencialmente en casi un 93 %. Gordon consiguió aguantar despierto hasta la una, se quedaba dormido casi instantáneamente y no se despertaba hasta que sonaba el despertador de Ben a las seis y media de la mañana. Dormía sus buenas cinco horas y media, pero físicamente estaba en cama menos de seis. Conciliaba el sueño rápidamente y sin problemas, y dormía toda la noche seguida. *El único problema era que no dormía lo suficiente.* Por eso decidimos pasar a la siguiente fase de la restricción del sueño: ir adelantando la hora de acostarse y ampliar la oportunidad de sueño poco a poco. Fuimos adelantando su hora de acostarse en intervalos de quince minutos cada cierto número de días, y así fuimos adelantando cada vez más el momento de conciliar el sueño durante varias semanas. En la medida en que vemos que nuestros pacientes se duermen rápidamente, y que duermen de corrido toda la noche (o la mayor parte de ella), vamos desplazando el momento en que deben irse a la cama y lo situamos a una hora más temprana.

Cuando vemos que eso empieza a costarles, nos detenemos para observar el panorama con mayor atención. Quizá hemos sobrepasado su periodo ideal de sueño, o quizá sucede algo que queda fuera de nuestro alcance. Sin embargo, y a lo largo de todo este proceso, vamos entendiendo de manera gradual lo que les funciona bien en términos de cuál es el horario ideal para irse a dormir. Una de las cosas que solemos ver que les sucede a los pacientes de la clínica es que la primera vez que vienen con su diario del sueño, resulta que se han marcado un intervalo de oportunidad de sueño que, sencillamente, les queda demasiado grande. Han tenido que esforzarse tanto en conciliar el sueño y han desarrollado una excitación condicionada tan acuciante que se quedan encamados durante diez horas durmiendo o intentando dormir. Y, francamente, eso es demasiado.

Gordon empezó dándose una oportunidad de sueño razonable: permanecía físicamente en la cama durante unas ocho horas y media. A la mayoría le funciona. A Ben, por ejemplo, le sentaba fenomenal. Sin embargo, Gordon, a pesar de amar a Ben con locura, no es igual que él. Lo que le pasaba a Gordon era que su cuerpo no necesitaba dormir tanto. El cuerpo es un organismo que genera su propio sueño. Todos los seres humanos, si estamos sanos, en realidad producimos una cantidad determinada. Pero dentro de un margen saludable y normal, hay variaciones. Ben se quedaba la mar de contento con sus ocho horas de sueño, e incluso con alguna más de propina. Gordon, como máximo, podía dormir unas siete horas. Por naturaleza, era un ave nocturna; es decir, que su ritmo circadiano era la causa de que le costara mucho despertarse temprano por las mañanas. Para Ben y Gordon, la solución fue separar el sexo, o las relaciones íntimas, del sueño, y no meter todas esas cosas dentro del mismo saco. Lo que necesitaban eran dos horarios nocturnos diferentes, y no había nada de malo en ello. La pareja reprogramó sus rutinas para poder realizar actividades compartidas, para estar juntos y para disfrutar de sus relaciones íntimas. Y Gordon descubrió que le gustaba mucho pasar un rato a solas por las noches, porque eso era como un reconstituyente para él que además lo relajaba, ¡y ni siquiera se había dado cuenta! Tras probar con el experimento de la restricción del sueño, terminamos por fijar la hora en que debía acostarse en las 23.00 horas, media hora más, media hora menos, y por el momento le está yendo muy bien. La mayoría de las noches se queda dormido enseguida, se encuentra bien durante el día y el sueño ya no le parece tan problemático.

Un hueso todavía más duro de roer

¿Te acuerdas de Myra? La mujer que conocimos en uno de los capítulos anteriores, cuando hablábamos del tema de dar vueltas a la cabeza por las noches y de cómo combatir esta situación. Myra es una paciente superactiva, muy atareada y extrovertida, a la que no le entraba en la cabeza que alguien se dedicara a ver pasar las nubes. La táctica denominada de observación de trenes que finalmente adoptamos la ayudó mucho a liberarse de los pensamientos intrusivos. Ahora bien, Myra tenía muchos retos que superar en cuanto al tema del insomnio, y era preciso que usáramos todo el arsenal del que disponíamos para ayudarla. Y la tarea era urgente, porque Myra padecía ataques de epilepsia. Sus médicos creían que si dormía mejor, quizá podría evitar una nueva extirpación cerebral.

Lo que pasaba con Myra era que se angustiaba mucho solo de pensar que había que ir a dormir. Y en su caso tenía sentido, por las numerosas implicaciones que se derivaban de ello. Los médicos le habían dicho que aquello era fundamental si quería tener buena salud y ahorrarse una cirugía mayor e invasiva de la que tardaría varios meses en recuperarse. Y eso es mucha presión. De todos modos, y aunque no te la estés jugando tanto como Myra en lo que se refiere a la problemática que genera la falta de sueño, la ansiedad es real y tangible. Todos sabemos la importancia que tiene dormir para nosotros. Sabemos teóricamente que, a largo plazo, resulta crítico para nuestra salud y longevidad. Y también sabemos que nos encontramos mal si no dormimos lo suficiente. Experimentamos en carne propia un bajón de energía, una creciente irritabilidad, una confusión cognitiva y una menor capacidad de disfrutar de la jornada. Un enorme porcentaje de los pacientes que atiendo en la clínica, probablemente el 90 %, están batallando con la ansiedad que les provoca dormir, y eso es normal, y además muy frecuente. Es irónico que, a menudo, lo que más se interponga entre nosotros y el sueño sean los *nervios* que nos provoca pensar que no seremos capaces de dormir.

En estos casos, restringir el sueño puede resultar de lo más infalible, y eso lo hacemos acelerando el impulso homeostático del sueño para que sobrepase la ansiedad que se interpone en tu camino. Podemos echar mano de la presión natural que el sueño ejerce en ti una vez incrementado su valor para llegar a superar incluso las angustias y las creencias que representan todo un reto a la hora de dormir. Myra se enfrentaba a un gran reto. Mi paciente había desarrollado toda una suerte de rituales que ponía en práctica antes de acostarse, y dependía mucho de este montaje. Por desgracia, los rituales eran tan específicos que lo único que conseguían era impedirle que conciliara el sueño. Pero no solo se resentía su sueño, sino que Myra veía cómo se iba limitando su vida por esa razón.

Myra creía que cuando finalmente consiguiera que le entrara el sueño a la hora de acostarse, cualquier cosa que se lo truncara le impediría volver a ser capaz de reengancharlo. Y muchos de los rituales que se había montado guardaban una estrecha relación con este tema. Casi todas las noches, Myra se quedaba dormida en el sofá, y entonces su marido la llevaba en brazos a la cama (Myra creía fervientemente que, si se iba a la cama por su propio pie, se desvelaría). Y lo mismo pasaba con las luces. Las luces del dormitorio debían estar apagadas al entrar; si no, Myra no sería capaz de conciliar el sueño. Si veía algún destello de luz de camino al dormitorio, se repetiría la misma situación. En el pasillo tenían un asistente de Google que emitía un ligero resplandor. Pues bien, solo eso ya bastaba para mantenerla desvelada, hasta el punto de que la mujer era incapaz de dormirse otra vez. Myra había adoptado la costumbre de tapar la lucecilla con las manos cuando pasaba por delante de ella. Era tanta la exigencia que requerían todas esas condiciones que terminaban afectando a su efectividad, y además la predisponían al fracaso si, por lo que fuera, se le escapaba el más mínimo detalle.

Yo entendía perfectamente la razón de que se hubiera impuesto tantas exigencias: la presión de tener que mejorar la calidad de su sueño era muy intensa, y esas exigencias se habían convertido en una especie de mecanismo de control, en un intento de gestionar todas las condiciones autoimpuestas para que el entorno fuera perfecto y Myra pudiera dormir. Lo que había perdido esta mujer era la fe depositada en su propio cuerpo y en todos los procesos que acompañan al sueño. Myra tenía un sueño tan ligero que cualquier cosa podía dar al traste con él. Y, lo que es aún peor, precisamente por eso se estaba perdiendo muchas cosas. Si alguna vez se iba de viaje a algún lugar desconocido o nuevo para ella, caía víctima de un insomnio que le resultaba imposible de superar. Un fin de semana fue a una despedida de soltera que ya había programado desde hacía tiempo con un grupo de amigas íntimas en Palm Springs, a un par de horas de distancia de su casa de Los Ángeles. La fiesta se había planificado con la intención de pasar todo el fin de semana estrechando lazos y celebrando la ocasión. Pero la primera noche Myra no consiguió pegar ojo. Estuvo despierta hasta el amanecer. Al día siguiente telefoneó a su marido para que fuera a recogerla en coche, y así fue como, por culpa del insomnio, se perdió aquella vivencia que tanta ilusión le hacía.

Esta clase de cosas suele acontecerles a las personas que padecen insomnio. Adoptan una conducta de autoprotección que, en realidad, lo que hace es reforzar su insomnio. Se convencen de la idea de que solo se pueden dormir en un lugar específico y bajo determinadas circunstancias. E insisten tanto en ello que llega a hacerse realidad.

Myra estaba desesperada por intentar conciliar el sueño. En primer lugar, no había que olvidar el asunto de su epilepsia. Su gran motivación era superar su enfermedad, y para ello tenía que intentar mejorar la calidad de su sueño con el objeto de ahorrarse una cirugía cerebral mayor. En segundo lugar, hay que decir que Myra quería recuperar su vida.

Decidimos que trabajaríamos intensivamente durante varios meses para mejorar su sueño. Myra ha sido una de las pacientes más entregadas y con mayor arrojo que jamás haya tratado en el laboratorio. Se lanzó de todo corazón a poner en práctica todas y cada una de las intervenciones que íbamos introduciendo; y lo que hicimos fue lo siguiente: establecer una hora fija para despertarse; exponerse a la luz del sol por las mañanas; planificar una franja horaria en la que dedicarse a cavilar sobre sus problemas y poner en práctica el ejercicio de la observación de trenes para tratar el tema en su vertiente cognitiva. Y, lo más fundamental, imponerle una *restricción del sueño*. Redujimos mucho el tiempo que debía pasar en cama para que alcanzara una buena ratio en la eficiencia del sueño. Este punto crítico le serviría para superar los rituales aprendidos con el fin de gestionar la ansiedad que le provocaba el sueño. Cuanto mayor es la presión del sueño, más fácil es abandonar los rituales y darnos cuenta de que es posible conciliar el sueño sin ellos.

Una de las maneras en que tratamos la ansiedad del sueño es estipulando una jerarquía de la ansiedad. Hacemos una lista de todos los rituales y preocupaciones que giran en torno al sueño y a la hora de acostarse, y luego los ordenamos en filas en función de su gravedad. Cuando empezamos a quitarnos cosas de en medio, lo hacemos eliminando primero las más fáciles, y luego vamos avanzando hasta llegar a las más difíciles. Cuando ya llevábamos varios días restringiendo su sueño semanal, le propuse a Myra que dejara de tapar con la mano la lucecita resplandeciente del asistente de Google que había en el pasillo por el que se accedía a su dormitorio.

«Inténtalo al menos, Myra —propuse—. Considéralo un experimento».

Y funcionó. A continuación abordamos otro de los rituales que seguía para irse a dormir, y luego otro. Myra tenía menos problemas para dormirse, porque evidentemente había aumentado su presión del sueño, pero lo que también estaba sucediendo era que Myra se estaba forjando la noción de que era capaz de adquirir la capacidad y los conocimientos para quedarse dormida. Se daba cuenta de que no necesitaba ninguna de aquellas condiciones tan rígidas que se había impuesto para dormir, de que era capaz de *generar su propio sueño*, y podía hacerlo por sí misma. Myra fue capaz de relajarse y de liberarse de una gran parte de la ansiedad que había visto proyectarse cuando se acercaba la hora en que debía irse a la cama. Al final terminó por irse a la cama sin preocuparse de si las luces estaban encendidas o si el entorno podía causarle alguna preocupación. Finalmente, Myra tardó muy poco en poder conciliar el sueño. Y pudo disfrutar de un sueño bien consolidado: llegó a alcanzar una eficiencia de más del 80 %. Las convulsiones que sufría dejaron de ser tan recurrentes, y su epilepsia estuvo más controlada. Finalmente, no tuvo que someterse a esa cirugía cerebral que tanto le habían aconsejado. Y, a decir verdad, estoy seguro de que la próxima vez que se vaya de viaje para pasar un fin de semana con las amigas disfrutará de lo lindo.

El sueño perfecto no existe

Es muy probable que Myra siempre tenga problemas para dormir. Lo que pasa con el insomnio es que, si ya lo hemos padecido en el pasado, probablemente lo padeceremos en un futuro. El insomnio va rondando por ahí, y es algo que nos pone nerviosos, por no decir que puede reavivarse, sobre todo si estamos viviendo un periodo de estrés o de grandes cambios. No debería extrañarnos: ni es una señal de fracaso ni es causa de alarma. Las intervenciones en las que hemos estado trabajando durante toda la semana, incluida la restricción del sueño, son estrategias a las que habrá que recurrir cuando el sueño, por alguna razón, vuelva a convertirse en un problema para nosotros. No existe una solución única e inmediata. Este apalancamiento del sueño del que ya hemos hablado tiene que ajustarse. El sueño necesita ir cambiando a medida que nos hacemos mayores; cambia cuando estamos enfermos, o cuando nos convertimos en padres; cambia cuando tenemos un nuevo empleo, o cuando nos mudamos. Ser flexible y consciente de uno mismo, y de las necesidades del cuerpo, forma parte de nuestro mecanismo de adaptación.

Myra, cuando recuperó la capacidad de dormir bien, se dedicó a abordar otro problema: adecuarse conceptualmente a las exigencias planteadas por su nueva manera de dormir. En la fase de restricción del sueño del tratamiento, Myra descubrió que en realidad estaba demasiado cansada durante el día y tenía que echarse una siesta. Al principio todo aquello me dejó un tanto preocupado, porque lo cierto es que la siesta te quita parte de ese impulso homeostático del sueño que hay que aprovechar para que por la noche nos resulte más fácil dormir. Pero, en el caso de Myra, hemos de recordar también que la mujer todavía estaba en fase de recuperación. El proceso por el que uno va pasando si padece una epilepsia tan grave como la suya, que comprendía una cirugía cerebral mayor, es largo. Mucho más largo de lo que a ella le habría gustado. Por eso decidimos que encajaríamos unas cuantas siestas en su horario habitual: Myra se echaría una siesta de una hora prácticamente todos los días, y eso, aunque quizá sea demasiado para la mayoría, a ella le iba de perlas. El sueño de Myra está bien consolidado, su eficiencia es buena y no le cuesta dormirse por las noches. Considerando su salud, Myra sale beneficiada. El problema radicaba en que ella no quería formar parte de ese grupo de personas que necesitan echarse una siesta de vez en cuando para encontrarse bien, porque esa idea entraba en contradicción con lo que suponía que era tener buena salud y ser una persona productiva. Antes de que se le manifestara la enfermedad, Myra había ejercido de maestra, una profesión que le encantaba, porque relacionándose con sus alumnos había encontrado una fuente de energía y satisfacción. Sin embargo, la enseñanza también es muy exigente. En la actualidad, Myra está intentando volver a incorporarse a la enseñanza como profesora de apoyo, y me parece fantástico, pero en el fondo lo que en realidad quiere es recuperar su antigua vida. En su caso, para poder descansar bien y despertarse recuperada tiene que aceptar que sus necesidades han cambiado, y afrontar que la imagen que tiene de sí misma como una mujer activa, ocupada y ambiciosa no encaja demasiado bien con lo que su cuerpo le está diciendo que necesita en este momento de su vida. Myra no va a tener otro remedio que adaptarse.

De todos modos, hay que decir que ha recorrido un largo camino, de lo que estoy muy orgulloso, porque incluso ha podido dejar las pastillas para dormir que tomaba antes de que empezáramos el tratamiento, y quiero decir también que, antes incluso de terminar el tratamiento, ya estaba preparándose para incorporarse a un puesto de trabajo a jornada completa en el campo de la enseñanza. La restricción del sueño es un método muy efectivo: consigue que resulte más fácil desenganchar a las personas de la medicación que toman para conciliar el sueño porque sustituyen el fármaco por una somnolencia que aparece de una manera natural. En muchas situaciones, las pastillas para dormir funcionan bien y es muy aconsejable recurrir a ellas, pero debo decir que he visitado a muchos pacientes que han terminado desarrollando una dependencia tal de la sustancia que ingieren que han llegado a creer que es la única alternativa que tienen para conciliar el sueño, y entonces es cuando vienen a la clínica, con el objetivo de ser capaces de dormir sin la ayuda farmacológica. Y la mayoría son capaces; no hay ninguna razón médica por la que no sean capaces de hacerlo. Cuando disminuimos de una manera sistémica su oportunidad de sueño, estas personas son capaces de llevar la teoría a la práctica y de alcanzar la maestría que anhelan. Ven que todo eso les funciona, y que duermen bien. Si son capaces de dejar que las cosas sucedan como deben suceder, lo conseguirán. Los pacientes dejan de presentar unos niveles tan elevados de ansiedad, y de oír aquella vocecilla interior que les dice: «¿Podré dormir bien esta noche?». Y lo más relevante de esta situación es que son capaces de echar mano de esta seguridad aun cuando no estén durmiendo tan bien como se esperaban. Comprenden que pueden pasar una mala noche y, al día siguiente, encontrarse bien, porque saben que la presión del sueño que se les está forjando les servirá precisamente para recuperarse y reponerse. Ahora ya saben que, por una noche que duerman mal, no se acaba el mundo.

Mi hijo mayor tiene diez años, y el pequeño, cinco. En mi caso eso significa que, básicamente, llevo diez años sin dormir bien. Me despierto continuamente en plena noche, y a pesar de que a veces me vuelvo a quedar dormido, en otras ocasiones ya no vuelvo a meterme en la cama, desvelado por los problemas o los factores estresantes que parecen surgir de repente al alba, como quien abre una caja de sorpresas. Me paso el día estudiando la influencia que tiene el sueño en el sistema inmunitario, en la cognición y en el estrés, y por eso mismo sé que el sueño es un factor crítico. También sé que mi sueño no es perfecto, que es un proceso en constante fluctuación. A veces el trabajo se interpone en mi camino, y hago cosas que contradicen esos mismos consejos que luego doy a los demás. A veces, en cambio, es la vida la que se interpone. Hay muchas cosas que escapan a nuestro control y que serán las responsables de las interrupciones o de la falta de calidad de nuestro sueño. No hay garantías de que por la noche vayamos a dormir bien. Pero como te presiones a ti mismo, habrás perdido la batalla. El sueño es algo variable, y eso no es malo de por sí. Cuando dormimos mal una noche, nuestra tendencia natural es terminar por compensarlo, y a la noche siguiente dormimos sin mayores dificultades y disfrutamos de un descanso reparador.

Los patrones de sueño van variando significativamente a lo largo de la vida. Los adolescentes necesitan dormir mucho más. Los ancianos, puede que menos, y a menudo tienen que hacer reajustes en su estilo de vida para compensar las horas que duermen de menos, comparadas con las que acostumbraban. Los cambios hormonales en la perimenopausia y la menopausia, como el descenso de los niveles de estrógenos, pueden provocar alteraciones en el sueño que causen que la persona se despierte con mayor frecuencia y termine preguntándose si no podría encontrar alguna solución para combatirlo. A menudo, sin embargo, lo que he visto que les funciona mejor a mis pacientes es aceptar, de alguna manera, cuál es la fase de sueño en la que se encuentran. La doctora Gladys McGarey, conocida con el nombre de Madre de la Medicina Holística, y que es médica de cabecera desde la década de 1940, celebró su centenario en 2020. ¿Quieres saber alguno de sus secretos para conservar la salud y la felicidad? Cuando se despierta en plena noche, que es algo que ha llegado a sucederle con frecuencia en distintos momentos de su vida, no se preocupa lo más mínimo. Aprovecha el tiempo para ponerse a trabajar en uno de sus muchos y muy variados proyectos, o bien se dedica a recitar los himnos que le gustan.

Por otro lado, dormir toda la noche de un tirón parece que no es lo más usual en los seres humanos desde un punto de vista histórico. Los investigadores del sueño han dado con pruebas que demuestran que hasta el siglo XIX lo más común era que las personas presentaran un sueño bifásico, es decir, que durmieran en dos segmentos diferenciados. La bibliografía de la época nos habla de este fenómeno y se refiere a él con los nombres de *primer sueño* y *segundo sueño*. Por lo que parece, era muy común que las personas se levantaran en plena noche y no volvieran a acostarse hasta pasadas una o dos horas. Ese tiempo lo dedicaban a escribir cartas, a leer, a tener relaciones sexuales o incluso a tareas domésticas como puedan ser coser o cortar leña. Otras decían que dedicaban ese tiempo a la ensoñación o a la contemplación silenciosa, a la meditación y a la reelaboración de sus sueños. Las más activas incluso iban a visitar a sus amigos. El historiador Roger Ekirch, que ha estudiado ampliamente el tema del sueño en distintas épocas, señala que lo remarcable de esos relatos es que a todos les pareciera de lo más normal dormir de esa manera, y que hablaran de las actividades que realizaban en mitad de la noche con toda naturalidad, como si eso fuera algo común e incluso característico de la época.[1]

A principios de la década de 1990, el investigador del sueño Thomas Wehr hizo un experimento[2] por el que los participantes vivieron un mes en un entorno caracterizado por un fotoperiodo breve; es decir, de solo diez horas de luz en su totalidad, tal como debían de vivir los seres humanos de la era preindustrial en gran parte del planeta. Wehr descubrió que, al cabo de un par de semanas, los episodios de sueño de las personas se ampliaban hasta dividirse en dos segmentos simétricos separados por un intervalo que comprendía de una a tres horas de duración. Estos resultados se hacían eco perfectamente de aquellos dos sueños que caracterizaban el descanso de las personas de los siglos XVII y XVIII. Es obvio que el mundo ha cambiado, y que el día es más largo debido a la electricidad y la digitalización, y también está claro que no hay vuelta atrás en lo que respecta a la tecnología. Dicho todo lo cual, vale la pena destacar que no hay nada natural ni biológicamente predeterminado en la idea de que por la noche haya que dormir ocho horas seguidas. De hecho, es posible que este fenómeno sea bastante reciente para el ser humano, porque la creencia general apunta a considerar que el hombre prehistórico dormía poco, o de manera interrumpida.

Cada cierto número de años, la idea de los dos sueños que

relata la historia vuelve a incorporarse al discurso sobre el sueño y la ciencia del sueño en los medios de comunicación; y entonces empiezan a circular alegremente artículos sobre la materia en las redes sociales. Creo que si encontramos esta idea tan atractiva es porque nos indica que hubo un tiempo en que despertarse en plena noche no se consideraba un problema que hubiera que solucionar, sino sencillamente una realidad con la que había que convivir o incluso aprovechar. No estoy diciendo que si vas muy falto de sueño porque duermes poco de noche y te sientes agotado de día te conformes con la situación. ¡De eso, ni hablar! Pero puede servirte para que aceptes que el insomnio que se presenta de madrugada no es malo de por sí, ni raro, ni es la señal que nos indica que tenemos un problema médico. Si un día vienes a nuestro laboratorio del sueño y me cuentas que lo que te pasa es que te despiertas en plena noche, lo único que te preguntaré será: «¿Y luego, cómo te encuentras? ¿Te encuentras bien?».

A eso se reduce todo. No estamos intentando que tu sueño encaje en un modelo ideal, porque no existe. Estamos intentando llevarte a un punto en el que consigas ese descanso reparador que tu cerebro y tu cuerpo necesitan, y en el que sientas que cuentas con todos los recursos necesarios para enfrentarte a los retos que pueda plantearte la jornada de hoy. Por eso quiero decirte que, si necesitas ayuda en este sentido, pruebes con la intervención de esta semana, que es la última que te proporcionaré, y la más potente. En esta ocasión en particular, verás que se basa en los datos específicos que ya has recopilado sobre tu propio sueño.

EL EJERCICIO DE HOY

¡QUÉDATE LEVANTADO HASTA TARDE!

Si un amigo viene a contarte quejumbroso que se siente cansado, probablemente le aconsejarás que se acueste más temprano. Hoy, en cambio, con el ánimo de solucionar tus problemas de sueño, vamos a hacer todo lo contrario. Vamos a hacer que suba como la espuma tu impulso homeostático del sueño, para que así puedas quedarte dormido más fácilmente y cultives la capacidad y la confianza que has depositado en lograrlo.

Si completaste la tabla que presenté en páginas anteriores, en este mismo capítulo, ya habrás descubierto cuál es tu eficiencia del sueño. Si no conoces el dato, retoma la página y hazlo ahora. Si tu eficiencia del sueño es inferior al 85 %, este ejercicio te conviene. Te recomiendo vivamente que te lo tomes en serio, y eso implica hacer este ejercicio no solo esta noche, sino todas las noches de esta semana y de la semana próxima. Si eres constante, verás que en menos de una semana ya obtendrás resultados.

Si tu eficiencia del sueño es buena, pero, aun así, sigues notando que te cuesta mucho conciliar el sueño o seguir durmiendo, ¡no dejes de intentarlo! Esta táctica va dirigida fundamentalmente a todos aquellos que presentan un insomnio clínico. De todos modos, y para los que no dispongan de un diagnóstico clínico, limitar el intervalo de sueño puede resultar muy eficaz.

Para hacer este ejercicio necesitarás un par de datos fundamentales:

Promedio de oportunidad de sueño: ____________________.

Promedio de tiempo que pasas dormido: ________________.

El objetivo es estrechar este espacio temporal. Y lo haremos rebajando drásticamente el intervalo de la oportunidad de sueño para que concuerde mejor con el tiempo que pasas realmente dormido, aunque este sea insuficiente. Ya retomaremos la cuestión más adelante.

Esta noche cuenta el tiempo total que pasas durmiendo (si has tenido un sueño fragmentado, suma todos los segmentos) y añade media hora más. Esta es tu oportunidad de sueño para esta noche. Para hallar la hora en que debes acostarte, empieza anotando la hora en que has decidido despertarte esta semana, y luego réstale esta misma cantidad de tiempo. No deberías meterte en la cama antes de la hora indicada.

Mi oportunidad de sueño es de __________ *horas.*

Hoy me acostaré a las ___________ *de la noche/madrugada.*

Recuerda que no hay que sobrepasar el límite de las cinco horas de oportunidad de sueño que te das. Y, por favor, no pierdas el sentido común; si limitas mucho el tiempo que vas a pasar durmiendo, vale más que no conduzcas ni hagas nada que pueda entrañar riesgos, porque vas a ir medio dormido por la vida. Por otro lado, no intentes hacer este ejercicio sin la supervisión de un médico si en tu historial clínico se refleja que has padecido convulsiones o tienes un trastorno bipolar, porque estas enfermedades pueden agravarse por la falta de sueño.

Si es posible, comprométete a acostarte siempre a la misma hora y a comprimir el intervalo de tiempo que destinas a dormir durante una semana. Usa tu diario del sueño para registrar el momento en que te acuestas, te duermes y te despiertas. Si al cabo de una semana de haber seguido el método te salen los números, y, especialmente, *si notas la diferencia (te quedas dormido antes y estás casi todo el tiempo dormido)*, te recomiendo que empieces a rebajar esta compresión del tiempo destinado a dormir añadiéndole pequeños incrementos de quince minutos cada dos o tres noches. A medida que, poco a poco, vayas adelantando la hora de acostarte, ve registrando los datos en tu diario del sueño. A algunas personas les va bien ampliar el intervalo cada dos o tres noches, pero a otras les va mejor ir más despacio, y añadir quince minutos una vez a la semana, por ejemplo.

Esta noche, y durante las seis noches siguientes, ¡ni se te ocurra batirte en retirada! Empezarás sintiendo mucho cansancio. Y por la noche no pararás de mirar el reloj deseando que llegue el momento de acostarte. Si es así, perfecto. ¡Eso es que el método funciona!

Una alternativa más moderada: la compresión del sueño

Para algunas personas, restringir intensivamente el sueño es un recurso demasiado extremo, sobre todo si lo hacen al margen de un entorno clínico que pueda ayudarlas a marcar unos límites y atenerse a ellos. Si este es el caso, piensa que también existe una solución. Si la restricción del sueño no va contigo por la razón que sea, intenta adoptar otro enfoque, uno que ya te digo ahora que es opuesto al anterior: empieza retrasando la hora en que vayas a acostarte para ir cerrando paulatinamente el espacio que dista entre tu oportunidad de sueño y tu sueño real. A los individuos que elijan este método les recomiendo que vayan retrasando el tiempo en intervalos de media hora. Es decir, si normalmente se van a la cama a las diez de la noche, que hoy se acuesten a las diez y media, mañana a las once y, pasado mañana, a las once y media. Finalmente, lo que habrá que hacer es adoptar la hora en que uno ha comprobado que se duerme antes.

La compresión del sueño es un proceso más lento, porque uno no capta que la presión del sueño se inicia ya desde la primera noche. El impulso homeostático del sueño no se empieza a forjar de manera inmediata. Requiere más tiempo en general, y en la clínica tenemos comprobado que las personas son más proclives a abandonar el método antes de brindarse la oportunidad de ver que funciona. Primero lo prueban, y al cabo de un par de noches ya van diciendo por ahí: «A mí no me funciona, y además estoy cansadísimo... ¡Me iré a dormir a la hora de siempre!».

Si pruebas este método, sé sistemático. Date un margen de una semana como mínimo. La restricción del sueño es mucho más rápida; es como si el organismo sufriera una conmoción, como si alguien hubiera activado la tecla de reinicio. Quizá te cueste un poco resistirte al cansancio que experimentarás durante el día en este periodo de restricciones, pero te aseguro que no tardarás en ver los resultados. Si eliges la compresión del sueño, piensa que el patrón adoptado será más largo, lento y moderado.

RESOLUCIÓN DE PROBLEMAS

¡No remolonees en la cama!

La restricción del sueño dependerá del grado en que te hayas comprometido con tu práctica diaria: elige una hora para despertarte y atente a ella. Quizá sea todo un reto, porque a medida que vaya transcurriendo la semana empezarás a notar el auténtico impacto que ejerce en ti la presión del sueño. Los fines de semana serán una pega; y las parejas con horarios distintos quizá se vean enfrentadas a mayores dificultades. Haz todo lo necesario para mantenerte fiel a la hora en que debes despertarte: ponte varios despertadores; elige una canción desagradable para el tono de alarma, como, por ejemplo, *Eye of the Tiger*; haz prometer a tu pareja que te sacará de la cama, aunque sea a patadas y dando voces si es preciso. Haz lo que sea, pero hazlo.

¡Registra tus propios datos!

Lleva al día tu diario del sueño. Como sucede con cualquier otro experimento, vas a tener que comparar cifras. ¡Y la restricción del sueño puede convertirse en todo un reto! Será esencial que compares los datos de la semana anterior con los de esta semana para ver si este proyecto experimental de recortar drásticamente el intervalo del sueño te está afectando.

Y si esto no va contigo...

No pasa nada, ¡faltaría más! Pero a mí me encantaría que le dieras una oportunidad al método, porque lo que hemos visto en la clínica es que, en realidad, funciona muy bien para la mayoría de nuestros pacientes. La terapia cognitivo-conductual aplicada al tratamiento del insomnio es eficaz para la mayoría de los que piden hora en la clínica, y la restricción del sueño es una pieza clave para su funcionamiento. Sin embargo, para un segmento menor de los pacientes que tratamos, el proceso no es tan efectivo como podría parecer a simple vista.

En estos casos hay que volver a plantearse el objetivo inicial. Arreglar los problemas para dormir con que se encuentran muchas personas, por muy importante que pueda ser para la salud, el sistema inmunitario, la cognición y algún otro aspecto que pueda dejarme en el tintero, en realidad implica que lo que hay que arreglar es la función del despertar. Y contamos con varias maneras de mejorar nuestra existencia. Por ejemplo, podemos incluir las siestas en nuestro horario habitual. Una de las maneras en que se presenta la idea de los dos sueños en la actualidad es la adoptada por las culturas que practican la siesta, porque, aunque el hecho consensuado culturalmente de hacer una breve pausa para descansar después de comer y echarse una cabezadita podría rebajar la cantidad total de tiempo destinado a dormir por las noches, también va asociado a una mejoría en la cognición y el estado de alerta, así como a correr un menor riesgo de sufrir una enfermedad cardiaca. En Japón, país conocido por tener una cultura basada en el rendimiento del trabajo, las personas practican lo que llaman *inemuri*, que sería algo así como echarse un sueñecito sentados a la mesa del despacho o en el metro, y que podríamos traducir aproximadamente como «dormitar sin dejar de estar presente». En este país, echar una cabezadita en público no está mal visto; no interpretan que uno sea un vago o tenga pereza, sino que más bien consideran que eso es una señal del empeño que uno demuestra en seguir trabajando esforzadamente.[3]

A pesar de que la cultura americana todavía necesita un empujoncito para aceptar la idea de echarse una siesta después de comer, en realidad no hay nada de malo en el hecho en sí, si las noches representan todo un problema para ti y puedes encajarla dentro de tu horario. Sin embargo, a veces se nos presenta un panorama en el que la medicación resulta especialmente apropiada y útil. Existe una nueva categoría de medicamentos que son muy eficaces para lo que llamamos *mantenimiento del sueño*, que consiste no solo en conciliar el sueño, sino también en seguir durmiendo. Cuando las personas se despiertan en plena noche o rayando el alba, puede ser muy difícil, por no decir imposible, volver a conciliar el sueño, porque nos hemos desprendido de una gran parte de la presión que el sueño ejerce sobre nosotros y, aunque sigamos sintiéndonos cansados, ya no nos queda el remanente suficiente para que el impulso del sueño homeostático nos lleve a donde queremos.

Para terminar, cabe decir que es muy posible que estés equivocado en lo que respecta a la cantidad de horas que necesitas dormir. Si consultas en internet, encontrarás más de 35 millones de artículos que recomiendan dormir un mínimo de siete horas. Y eso es cierto, al menos para la mayoría. Casi todos necesitamos esas horas para que el lavavajillas del cerebro limpie toda la porquería acumulada en él y nos deje frescos y bien «limpios» para seguir en «modo lucha». Sin embargo, también hay personas que tienen una predisposición genética a dormir poco.[4] Son las que sencillamente se ven más capaces de hacer todo eso con mayor eficiencia y en menos tiempo. Tengo un paciente que vino a mi consulta y que entra en esta categoría. Este hombre se despertaba muy temprano por la mañana, porque su cuerpo no aguantaba tantas horas de sueño. No lo necesitaba. Él se encontraba bien y tenía buena salud. Al final resultó que lo único que mi paciente necesitaba para estar en paz consigo mismo era aceptar la idea de que debía dormir menos.

Nota bene: no uses esta excusa para regatear tus horas de descanso. Si hacemos caso de las estadísticas, lo más probable es que no seas una de esas personas que duermen poco por naturaleza. Todo se reduce a comprobar cómo te encuentras. Si te encuentras bien, posiblemente sea porque en realidad estás bien.

Asume que el sueño es imperfecto

Si estás despierto y no consigues dormir ni por casualidad, intenta aceptarlo. Confía en tu cuerpo; ya lo compensarás mañana. Recuerda que todas las deudas de sueño que contraigas pueden servir para ayudarte a conciliar mejor el sueño a la noche siguiente. Piensa que ahora que estás despierto, en plena noche, dispones de tiempo; no es algo que hayas elegido por voluntad propia, pero sí puedes decidir lo que harás con él. Yo te aconsejaría que lo dedicaras a alguna actividad que te haga feliz y de la que apenas puedas ocuparte durante el trajín del día a día. Piensa en ello como en un tiempo añadido. Lee un libro. Mira una reposición de *Friends* o algún *reality show* que sea de tu agrado. Nadie te va a juzgar por ello. Y recuerda que incluso los que duermen mejor que nadie también pasan una mala noche de vez en cuando: la perfección no es el objetivo, y, por otro lado, tampoco es posible alcanzarla. Tus noches, así como tus días, siempre contarán con un cierto grado de imprevisibilidad. Y forma parte del proyecto de la mejoría de la calidad del sueño asumirlo, saber que el cuerpo aguanta mucho, y que se recupera, siempre y cuando sigamos dando prioridad al sueño, nos demos cuenta del valor que tiene y vivamos conforme a este principio.

CONCLUSIÓN

RENOVAR LA RECETA ES EL PRINCIPIO, NO EL FIN

June ya ha cumplido los setenta y vive sola en un pequeño dúplex soleado de Oakland rodeada de plantas. Para venir a nuestra clínica del sueño de San Francisco coge el autobús. Suele trabajar de voluntaria en una asociación sin ánimo de lucro de su barrio. Siempre anda muy atareada, y es una mujer muy activa en el seno de su comunidad, hasta el punto de que no ha hecho planes para jubilarse en un futuro próximo. Durante la pandemia se dejó de teñir el pelo y ahora lo lleva gris (el paso progresivo del tono bronce cobrizo con que solía teñírselo al sedoso y brillante color plateado que ahora luce fue el dictado que para ella estableció la época de la pandemia). June me contó que le gustaba llevar el pelo plateado y que estaba contenta de haber encontrado la excusa perfecta para dejar de comprarse cajas y más cajas de tinte. No le importa hacerse mayor. «¿Qué otra alternativa hay?», dice siempre.

Lo que le toca más de cerca es el tema de no poder dormir, y de que no haya sido capaz de dormir durante la mayor parte de su vida.

Empezó a padecer insomnio en la adolescencia. Conciliar el sueño para ella era como librar una batalla. Además, y por si no tuviera suficiente con eso, se despertaba en plena noche, sin ninguna razón que lo justificara, y entonces era cuando se quedaba echada en la cama, despierta, sumida en la oscuridad, incapaz siquiera de adormilarse. June llevaba décadas viviendo así. A veces experimenta una ligera mejoría, pero en otras ocasiones la situación se agrava, sin que parezca que pueda establecerse un patrón ni nada que pueda justificarlo. June se ha dado cuenta de que, cuando duerme mal durante varias noches seguidas, su agotamiento va en aumento, hasta que termina durmiéndose como un tronco y viviendo una especie de restablecimiento de la presión del sueño gracias a la cual duerme con normalidad durante un par de noches. ¡Qué maravilla! Pero luego, cuando la presión del sueño se esfuma, vuelve a hacer acto de presencia su insomnio crónico.

Lo peor de todo, según cuenta June, es la imprevisibilidad. Desconoce lo que le traerá la noche, y esa imprevisibilidad ensombrece sus días, dejándola angustiada porque ignora si pasará una buena noche.

Cuando duerme mal, que es a menudo, se siente fatal al día siguiente. Se nota embotada e irritable, obnubilada cognitivamente. Le preocupa que el déficit de sueño que padece le provoque pérdidas de memoria y agrave la problemática que comporta todo envejecimiento. Antes de aparecer por la clínica, June, que había sido remitida a nosotros por su médico de cabecera, se había resignado básicamente a desempeñar el papel de la eterna insomne. Y, francamente, ¡no la culpo por ello! Cuando le pregunté sobre la rutina que seguía al acostarse y los patrones de comportamiento que regían su jornada, vi que June estaba haciendo las cosas bien. La mujer era abstemia. Siendo como era una alcohólica rehabilitada, llevaba décadas sin haber probado ni un sorbo de alcohol. Tampoco estaba abonada al café ni a los refrescos, por lo que no consumía cafeína, y además hacía mucho ejercicio. June no creía en la posibilidad de que pudiéramos cambiarle el patrón de sueño. Y le causaba una cierta aprensión intentarlo. «¿Estoy condenada a ir a la búsqueda de algo que queda fuera de mi alcance?», me preguntó ansiosa un día.

Asumir que el sueño es *imperfecto* es una cosa. De hecho, forma parte del proceso de eliminar la ansiedad que nos causa la falta de sueño para poder estar en paz, sentirnos a salvo y felices, y seguir caminando por la vida cuando las cosas no salen exactamente como habíamos planeado, que es, como ya sabemos, lo que suele pasar. Ahora bien, tampoco quiero que termines el libro pensando que no nos queda otro remedio que aceptar que uno duerme mal, y que hay que conformarse con la situación. Si te encuentras mal, y además duermes mal, hay que actuar para resolver la cuestión. Lo que suelo decir a todas las personas que han pasado por mi clínica es lo siguiente: «Podemos conseguir que duermas mejor». Y te aseguro que lo conseguimos.

Con June, probamos con todas las tácticas habidas y por haber; recorrimos todos los pasos que tú has estado dando esta semana, aunque en su caso le dedicamos mucho más tiempo a la labor de intentar que los nuevos hábitos calaran en ella a medida que fueran pasando los meses. June iba a por todas, aunque desconfiaba de que mis propuestas llegaran a servirle de algo. No le costó nada establecer una hora para despertarse sistemáticamente, ni retrasar el momento en que debía acostarse para que mejorara su eficiencia del sueño. Esa idea que nos remite a un globo hinchado por la presión del sueño cobraba mucho sentido para ella. De todos modos, tuvimos nuestros más y nuestros menos cuando abordamos el control de los estímulos, porque June se aferraba a la rutina a la que estaba acostumbrada a la hora de ir a acostarse, y eso incluía resolver sudokus en su iPad y escuchar pódcast metida en la cama. No me costó demasiado convencerla de que por la noche tenía que dejar de escuchar pódcast, como, por ejemplo, los de Radiolab, porque las historias la atrapaban. «¡Ay, sí...! —exclamaba June—. Siempre me ha hecho mucha ilusión conocer la historia del Día de la Independencia de Polonia», y se aferraba a sus excusas. Todo eso perpetuaba su insomnio, porque la mujer quería quedarse despierta hasta escuchar el final. Romper con su costumbre de resolver sudokus, por otro lado, resultó mucho más difícil. June hacía sus sudokus metida en la cama, y los iba resolviendo hasta que le entraba el sueño. En ese momento era cuando dejaba la tableta a un lado y cerraba los ojos. June usaba el iPad como un remedio para quedarse dormida.

La insté a que hiciera sus sudokus fuera de la cama. Mi intención era que sintiera y experimentara el proceso de ir quedándose dormida. Al final, llegamos a un acuerdo, a un punto intermedio. June padecía dolores articulares, y eso hacía que de noche le resultara muy incómodo deambular por la casa. «De acuerdo —concedí—. Puedes hacer sudokus en la cama. Pero recuéstate en el cabezal y ponte al otro lado de donde sueles acostarte para dormir. ¡Ah! Y ponte alguna grabación que reproduzca el sonido de las olas, con música relajante o algo que no te despeje. Y olvídate de los pódcast».

June accedió a regañadientes.

En nuestra última consulta me confesó que estaba sorprendida de ver cómo le habían cambiado tanto las cosas en lo que respectaba al tema del descanso nocturno.

«¡¿Cómo es posible que haya estado viviendo así durante cincuenta años y ahora precisamente, con unos simples cambios, me funcione?! —exclamó—. Nunca me habría imaginado que fuera posible».

No es que ahora June duerma la mar de bien, pero lo que sí es cierto es que, *grosso modo*, duerme muchísimo mejor. Lo importante que hay que saber es que el sueño es *previsible*. June es capaz de advertir su consistencia y su progreso. June tiene noches de todo, pero ahora sabe que puede contar con que descansará bien por la noche, aunque sea la primera vez en su vida que puede contar con eso. June confía en que será capaz de dormir bien, y con regularidad, para hacer lo que en realidad desea en la vida sin dejar de sentirse bien. Y cuando se despierta en plena noche, ya no se deja invadir por el pesimismo. Sabe que puede ejercer cierto control; ya no piensa que las cosas pasan porque sí. Valora mucho haber sido capaz de entender que puede que su descanso nocturno no sea perfecto, pero que posee el nivel necesario de maestría en el dormir para ir más descansada por la vida en general y sentirse más relajada cuando aborda lo que para ella representa dormir.

Este libro contiene dos mensajes muy importantes. El primero es que necesitamos darnos cuenta de que el sueño es esencial para nuestro bienestar, es la medicina natural y mágica que desbloquea nuestra capacidad de dar lo mejor de nosotros mismos, tanto en el trabajo como en las relaciones, y, de hecho, en todos los ámbitos de la vida, y que debemos priorizarlo de verdad, dedicando tiempo a la relajación, a hacer ejercicios que combatan el estrés y que preserven nuestras horas de descanso de las exigencias que comportan el trabajo y el inagotable mundo digital. El segundo, que al principio parece un tanto contradictorio, es que no hay que ejercer tanta presión sobre el sueño. Muchos de los pacientes que acuden a la clínica ya han cruzado esa línea de respeto saludable que hay que tener por el sueño y por lo que este hace por su organismo, y han terminado metidos en unos bucles de pensamiento en los que se da mucha más importancia al sueño de la que en realidad tiene: «Si soluciono los problemas que tengo para dormir, las cosas cambiarán para mejor: mi trabajo, mi matrimonio, mi vida..., todo. ¡Incluso la piel!», se dicen algunos. Pero lo que vemos, en cambio, es que de esta manera lo único que consiguen es perpetuar sus problemas.

Si quieres que te sea sincero, te diré que lo que hay que hacer es mantener el equilibrio entre ambas cosas, porque los dos mensajes son ciertos. Sí, es verdad que hay que dar prioridad al sueño si queremos prosperar y dar lo mejor de nosotros mismos. Has de cuidar el sueño, brindarle el tiempo y el espacio necesarios para fomentarlo, reestructurar la jornada para conseguirlo, y, a la vez, tener siempre presente que el mundo no se acaba porque hayas tenido una mala noche o dos... Si te ajustas al programa, tu cuerpo terminará por recuperar su tono vital.

Todos necesitamos disfrutar de un sueño reparador

June representa uno de los triunfos de los que he podido disfrutar como médico. Representa todas mis aspiraciones: que las personas que vengan a la clínica terminen pronunciando sus mismas palabras. De todos modos, a veces tenemos que concluir el tratamiento porque los pacientes siguen experimentando mucha ansiedad o batallando sin tregua. Y eso es algo que suele ocurrir porque existen otros factores que quedan completamente fuera de su control. No todas las historias terminan bien, y por eso es preciso que eliminemos las barreras sistémicas que nos impiden dormir.

Una vez trabajé con una mujer que vivía en un hotel. El estrés que esa persona sentía ante la inseguridad de su alojamiento era extremo. Además, vivía en un barrio de San Francisco llamado The Tenderloin, un vecindario de renta baja en el que hay muchos sintechos y donde se registra una tasa muy elevada de criminalidad. A mi paciente le costaba mucho dormir porque vivía en un estado perpetuo de alerta, y además porque el ruido del barrio la desvelaba. Aplicamos diversas estrategias en su tratamiento, que espero que le sirvieran de algo, porque lo que sí recuerdo es que cuando se marchó, al término de sus sesiones, me quedé pensando que ojalá hubiéramos podido hacer más por ella.

Asimismo, a mi consulta acuden muchas personas que se esfuerzan por priorizar su sueño al máximo debido a las presiones que en ellas ejerce el trabajo. Dicen: «Sé que me conviene más reservarme un tiempo para dormir y encontrarme mejor mañana que terminar el trabajo hoy mismo». Sí, es muy fácil de decir, pero hacerlo... ya no tanto, ¿verdad? Venimos empapados de una cultura que lleva mucho tiempo valorando el hecho de quedarse a trabajar hasta muy tarde, dormir poco e ir cansado por la vida, como si por eso hubieran de darnos una medalla, y no olvidemos que además hay que ser muy productivo, por encima de todo. Cuesta mucho desprogramar algo así, sobre todo cuando la lista de quehaceres que tenemos pendientes es más larga que un día sin pan, y porque tendemos a asociar nuestra identidad y valía con nuestra vida profesional. Cuando tenemos entre manos algo importante sin terminar, nos cuesta mucho ceñirnos al guion que nos hemos propuesto seguir noche tras noche y abandonar lo que estábamos haciendo para relajarnos y ganarnos un buen y merecido descanso.

Cuando empecé a dar charlas de divulgación sobre las vinculaciones entre el sueño y la salud para el público en general, acababa de publicar mi primer ensayo con los resultados de mis investigaciones sobre la relación existente entre el sueño y la eficacia de las vacunas. En el meollo de la cuestión, veíamos que el sueño influye en la función inmune, y mucho más de lo que pueda parecer a simple vista. Las personas que descansaban bien parecían presentar una mejor respuesta inmunitaria con las vacunas. Estaban más protegidas. Y la cuestión era qué significaba eso, en realidad, para nuestra salud. ¿Cuál era la moraleja?

Por mi parte, confieso que esperaba que los hallazgos de nuestra investigación incrementaran la importancia del perfil del sueño como pilar fundamental de la salud, junto con la nutrición y el ejercicio, porque la sociedad tiende a descartarlo.

De eso hace ya diez años. ¿Se han cumplido mis esperanzas? En mi modesta opinión, creo que las cosas han mejorado. La gente es mucho más consciente del hecho de que el sueño es crítico para la salud. El valor del sueño, en el *Zeitgeist*, ha ido a mejor. Pero no ha ido calando en la política sanitaria. Les estamos diciendo a las personas que el sueño es un pilar fundamental de la salud, pero no les damos el apoyo, el espacio y las herramientas que necesitan para beneficiarse de él. Vamos cosechando algún que otro éxito, como ese movimiento que surgió para instar a cambiar los horarios de las escuelas con el fin de que empezaran más tarde (en realidad, para adaptarlos a la necesidad real que los adolescentes tienen de dormir). Pero, en lo que respecta a la sanidad y al mundo laboral de las culturas occidentales, hay que decir que todas ellas impulsan la productividad. Nuestra cultura se rige según el modelo del empleo del tiempo. Es decir, parece que queramos exprimir todos y cada uno de los minutos que el trabajador dedica a sus tareas sin darles demasiada importancia a los rendimientos que pueda tener su productividad si la persona ha descansado bien, ni al ahorro que supondría para el sistema sanitario proteger el descanso nocturno de toda la población.

Por esta razón, la pregunta que voy a plantearte, ahora que ya llevas una semana trabajando para reconducir tu sueño, es la siguiente: ¿tienes el poder y la influencia suficientes para que esto pueda aplicarse a los demás?

No siempre nos damos cuenta de que somos *nosotros* quienes podemos cambiar las cosas, que tenemos la capacidad de influir en nuestro lugar de trabajo y en nuestra cultura, que podemos contribuir a cambiar las normas y las expectativas. Y aunque solo consigamos una mejoría para un grupo reducido de personas (o para una sola y única persona), ya podremos cantar victoria. ¿Qué puedes hacer en tu propio reducto personal? ¡Conviértete en un defensor del descanso nocturno! En tu puesto de trabajo, en la universidad, en la escuela de tu hijo, en casa... ¡Dondequiera que sea! Con el tiempo, los pequeños cambios culturales que se hayan ido realizando (como esos pequeños cambios de hábitos y rutinas que hemos estado haciendo esta semana) pueden acabar influyendo mucho en la situación. Podemos cambiar el discurso, los valores que antes defendíamos como fundamentales, las estructuras que conforman nuestra manera de vivir y las expectativas que albergamos. Podemos forjar una voluntad colectiva que abogue por el cambio.

Este es el principio, y no el fin

Tengo la esperanza de que pensarás en este proyecto cultural a largo plazo que es el sueño, en el que todos y cada uno de nosotros desempeñamos un papel determinado. Ahora bien, ¿qué me dices de ti? ¿Y mañana qué?

Hemos acabado una semana de intervenciones en tu descanso nocturno realizando unos simples pero poderosos cambios diarios en uno de los aspectos de tu jornada o de tu rutina. Las siete estrategias que incluyo en este libro son las que sé que dan mejores resultados, las que tienen más influencia, las que son más accesibles... No es necesario que ingreses en un sofisticado laboratorio del sueño para que puedas utilizar bien estas herramientas.

Imaginemos que te doy el alta después de haber estado ingresado en mi clínica del sueño de la UCSF. Piensa en lo que te diría cuando me despidiera de ti, antes de que volvieras a incorporarte a tu vida armado con una nueva tanda de habilidades para dormir recién aprendidas.

En primer lugar, te animaría: **«¡Sigue adelante! No te detengas. Procura que estos nuevos hábitos se conviertan en una costumbre para ti».** Para la mayoría, llegar a ese punto en el que era incapaz de dormir no es algo que sucediera de la noche a la mañana. Tiene que pasar cierto tiempo. Gradualmente, y debido a toda suerte de factores (el empleo, las preocupaciones, los problemas de salud o los patrones de pensamiento), levantamos un muro contra el sueño. Y romper con estos factores implica lo mismo: enfrentarnos a un proceso. Tienes que derribar esos muros, piedra por piedra, y eso requiere tiempo. Espero que esta semana te hayas encontrado mejor, y que algunas de las estrategias propuestas ya estén obrando milagros en ti. Espero que todo te resulte más fácil en conjunto, o al menos que sientas que controlas más la situación. Ahora bien, el proyecto de conseguir dormir como un lirón te va a llevar más de una semana. ¡Este es el principio, y no el fin! Además, ahora ya tienes a tu disposición las herramientas necesarias para mejorar tu vida a través de la mejora de tu sueño. Todo lo que conocemos sobre la ciencia del descanso nocturno nos dice que, para la mayoría, esta caja de herramientas estratégicas (siempre y cuando las practiquemos con coherencia, insistencia y paciencia) mejorará tanto la calidad como la cantidad de nuestro descanso.

En segundo lugar, te diría: **«Si te está costando mucho, ¡no te machaques! Date tiempo».** A menudo, en la clínica, tenemos que dar el alta a algunos pacientes cuando todavía nos angustia la posibilidad de que no consigan dormir bien. Si este es tu caso, no quiero que pienses que no has logrado tus objetivos, ni que has fracasado en el intento. Piensa que es lo más normal del mundo. Para algunos de nosotros, los esfuerzos que hemos tenido que hacer para poder conciliar el sueño han terminado convirtiéndose en una especie de trauma. Y no forma parte de nuestra adaptación al medio, como seres humanos que somos, olvidarnos de esta cuestión. ¡Pero eso no significa que no puedas conseguirlo! June tardó cincuenta años en cambiar su manera de dormir. Siempre es posible mejorar, sin que importe cuándo empieces, sin que importe el tiempo que llevas esforzándote.

Lo último que les digo a las personas cuando les doy el alta en la clínica, y durante la última visita de rigor, es lo siguiente: **«Es muy posible que te pasen cosas y tu sueño se resienta, y que dejes de dormir tan bien como duermes ahora».** ¡Hay tantas cosas que pueden sacarnos del camino emprendido para mejorar nuestro descanso! Tu trabajo, una crisis familiar, o incluso la clásica conjunción de estar ocupadísimo y sometido a mucha presión, pueden llevarte al punto de partida. Y es muy fácil pensar que has fracasado cuando notas que «das un paso adelante y dos hacia atrás». De todos modos, a medida que vaya mejorando la calidad de tu sueño, resistirás mejor el embate de una mala noche. Pasar una mala noche no implica que lo vayas a pasar mal todas las noches. Es muy posible que, contrariamente a lo que parece, eso signifique que ahora dormirás mucho mejor. Y, si no es ese el caso, y la situación pinta francamente mal, como les digo a mis pacientes, «aquí me tienes para ayudarte».

Transcurrido un año después de haber recibido el alta, solo un 10 % de mis pacientes me envían un correo para decirme que tienen un problema que parece haber surgido de la nada: «Me ha pasado *x*, *y* y *z*... ¡Y ahora ya no consigo volver a dormir como antes! ¿Qué puedo hacer?».

En general, suelen ser cosas que nos trae la vida, como saber gestionar el estrés, ver que se van acumulando nuestras responsabilidades o notar que empiezan a cambiar nuestras prioridades. Y ahora, fíjate bien en lo que digo siempre: RESETÉATE. Vuelve a retomar los ejercicios que ya sabes que te funcionan. Las cosas que nos trae la vida no se pueden controlar, pero piensa que, si te pasa algo, ahora ya dispones de un conjunto de estrategias que poner en práctica de inmediato para proteger tu descanso y volver a situarte en tu camino.

Mi consejo es que, si estás atravesando un bache, retomes la lectura de este libro. Empieza por el día 1. Recompón tu mente, tu cuerpo y los mecanismos con que cuentas para dormir con estas estrategias. Recuerda que estas herramientas están diseñadas para que *dejemos de interponernos en nuestro propio camino*. El sueño siempre se lleva dentro; forma parte de quien eres, de tu naturaleza humana. Y ahora sí; ahora ya tienes las herramientas que necesitas para liberarlo.

AGRADECIMIENTOS

Ha sido todo un honor compartir contigo la pasión que me inspira el sueño con este libro. Sin embargo, nada de todo esto habría sido posible si no hubiera contado con un excelente equipo de profesionales. En primer lugar, quiero expresar mi más sincera gratitud a todo el equipo de Idea Architects, y sobre todo a Rachel Neumann. Rachel, gracias por compartir conmigo el enfoque que ha ido tomando este libro y toda la colección *Prescription.* Tu grado de implicación para convertir el mundo en un lugar mejor gracias a la lectura de estos libros ha terminado siendo toda una inspiración para mí y para muchos otros, y te estaré eternamente agradecido de que me dieras la oportunidad de ser el autor de uno de ellos. Estoy deseando volver a colaborar contigo y seguir haciendo este magnífico trabajo, que espero que dure varios años. También quiero dar las gracias a los colaboradores de IA y Penguin Life, que tanto talento han demostrado, incluida Amy Sun, que ha sabido guiarme como nadie a lo largo de todo este proceso.

He notado un cambio en mí, y para bien, francamente, gracias a ella.

La aparición de este libro ha sido posible únicamente gracias al inigualable talento de Alyssa Knickerbocker. Alyssa, eres una lexicógrafa y editora increíble, y tu capacidad de redacción solo es equiparable a tu ingenio y a tu sentido del humor. Quiero agradecer igualmente a la doctora Elissa Epel, mi querida colega de la Universidad de California, en San Francisco, el inquebrantable apoyo que ha sabido mostrarme en todo momento. Piensa, estimada Elissa, que sigues siendo una fuente de inspiración para mí con tu creatividad, tu capacidad de entrega a la ciencia y la pasión que demuestras intentando lograr que el mundo cambie.

Las historias que cuento en este libro son ficticias, pero están basadas en conversaciones reales que he mantenido con mis pacientes a lo largo del ejercicio de mi profesión. Su lucha refleja la lucha de otros muchos, y a todos ellos quiero decirles que les estoy muy agradecido por la confianza que han depositado en mí como médico especialista. Quedo en deuda, asimismo, con todos mis colegas de trabajo especializados en el sueño de la UCSF, sobre todo con los que trabajan en nuestra clínica, entre los que mencionaré a los doctores Jennifer Felder, Caterina Mosti, Lauren Asarnow, Liza Ashbrook y Andrew Krystal. Gracias por vuestra amistad y por haber colaborado ayudando a los pacientes a recuperar el sueño que tan extremadamente necesitan.

Son muchas las personas que han desempeñado un papel significativo en mi evolución como investigador, médico especialista y persona, y querría expresar la gran consideración en que tengo a todos mis mentores y colegas, sobre todo a los doctores Anna Marsland, Steve Manuck y Peter Gianaros, de la Universidad de Pittsburgh; a Sheldon Cohen, de la Universidad Carnegie Mellon; y a Nancy Adler, de la UCSF. También quiero expresar mi reconocimiento a la doctora Martica Hall, de la Universidad de Pittsburgh, sobre todo por haber sido quien me inspiró más para que me dedicara a la investigación del sueño. Tica, gracias por compartir conmigo tu entusiasmo sobre el poder que tiene el sueño, porque eso significó mucho para mí. No querría olvidarme de dar las gracias igualmente a los doctores Jack Edinger y Meg Danforth, que tuvieron el detalle de formarme en la terapia cognitivo-conductual para combatir el insomnio cuando yo estaba cursando mis prácticas de Psicología Clínica en el Centro Médico de la Universidad Duke. Doy las gracias, asimismo, a esos colegas que desempeñaron un papel fundamental para que mi trabajo (y la redacción de este libro) se convirtieran en pura diversión, sobre todo a la doctora Wendy Berry Mendes; y también quiero dar las gracias a mi grupo de escritura semanal, formado por las doctoras Sarah Pressman, Janet Tomiyama y Carissa Low. Finalmente, quiero agradecer el inquebrantable apoyo que me ha brindado mi familia, y no solo la más íntima, sino también la extensa. Os quiero a todos, y os quiero con todo mi corazón. A mi esposa y a mis dos niños quiero decirles que les doy las gracias por aguantar durante tantos años lo mucho que me ha tenido obsesionado el tema del sueño. Lamento deciros, de todos modos, que mi obsesión dista mucho de haber flaqueado con el tiempo.

APÉNDICE 1

RECURSOS ADICIONALES

¡Son tantos los problemas relacionados con el sueño que hacen que nos sintamos agotados durante el día y no podamos rendir al máximo...! Este libro fue concebido para ayudar a las personas que tienen problemas para conciliar el sueño y para dormir de un tirón (es decir, para los insomnes). En otras palabras, si tienes otros problemas de sueño diferentes, quizá no sea este el libro que más te convenga, porque puede que no trate directamente de lo que está afectando a tu sueño.

Vamos a darte unas cuantas pistas para que puedas verificar si, en tu caso, existe un problema subyacente que no se corresponde con las estrategias propuestas en este libro:

- Normalmente duermes entre siete y ocho horas, pero casi siempre te sientes cansado.
- Te cuesta mucho estar despierto mientras estás conduciendo u ocupado en una tarea que requiera estar sentado.

- Roncas mucho, tanto que se te oye desde la habitación contigua.
- Te despiertas durante la noche porque te falta el aire.
- Sientes una profunda necesidad, prácticamente irresistible, de mover las piernas en mitad de la noche.
- Te quedas dormido en pleno día y eres incapaz de controlar lo que te está pasando. Además, notas como si la musculatura se te aflojara.

Si alguno de los síntomas que acabo de describir se identifica con lo que sientes o has sentido alguna vez, lo mejor es que se lo digas a tu médico, porque él o ella podrían derivarte a un especialista del sueño.

Por último, deja que te diga que, si tienes insomnio y quieres un tratamiento más personalizado, como por ejemplo someterte a una terapia cognitivo-conductual en persona (o en línea) para combatirlo, coméntaselo a tu médico o conéctate a <https://ses.org.es/>, página web de la Sociedad Española del Sueño, donde seguro que encontrarás algún candidato que pueda ayudarte.

APÉNDICE 2

LLEVA TU PROPIO DIARIO DEL SUEÑO

¡Bienvenido a tu propio diario del sueño! Las instrucciones que te daré para que escribas en él son muy simples. Nada de empezar poniendo: «Querido diario» ni nada por el estilo; no tienes que dar rienda suelta a tus pensamientos más profundos; solo expón los hechos y hazlo lo mejor que sepas.

Ponte a escribir en tu diario cuando te despiertes por la mañana y hazlo cada día de la semana. Lo mejor es que dejes el diario en la mesilla de noche, con un punto en la página que toca, para que puedas abrirlo por donde debes escribir nada más despertarte. Intenta anotar tus impresiones de la manera más precisa posible. Como ya dije en la introducción sobre este diario del sueño, te recomiendo que prescindas de los portátiles y los móviles, porque no reflejan la realidad a la perfección: infravaloran el sueño, lo sobrevaloran o, incluso, pueden llegar a ser demasiado específicos (¡qué más da saber que te has despertado cinco veces en un periodo de 6,25 minutos!, aunque sea así, si no te acuerdas, no quiero que lo apuntes en tu diario).

Tampoco quiero que cojas el diario durante el tiempo que empleas para quedarte dormido. No queremos que entres en un estado de alerta porque debes recoger datos sobre tu sueño, ni arruinar el proceso gracias al cual terminas quedándote dormido con tanto escrutinio. De noche, sigue las instrucciones de los ejercicios propuestos en este libro y no te preocupes por ser preciso. Para el objetivo que nos ocupa, nos basta con que escribas lo primero que se te ocurra por la mañana. Y en lo concerniente al sueño, piensa que un sueño perfecto no es mejor que un sueño considerado correcto.

Una observación: no te preocupes cuando tengas que rellenar las últimas tres filas, dedicadas a la oportunidad de sueño, el tiempo que pasas dormido y la eficiencia del sueño, hasta que termines de leer el capítulo donde se habla del día 7. En ese capítulo en concreto te explico cómo calcular esos valores. Pero, hasta ese momento, sáltate esas casillas.

Completa, por favor, esta tabla lo mejor que puedas:

Días de la semana							
Hora a la que intentaste conciliar el sueño							
¿Cuánto tardaste (en minutos) en dormirte?							
¿Cuántas veces te despertaste e intentaste volverte a dormir?							
¿Cuánto tiempo estuviste despierto mientras tanto? (Minutos en total)							
¿A qué hora te has despertado por última vez esta mañana?							
Valora la calidad de tu sueño (consulta la escala de valores anotada debajo)							
Oportunidad de sueño (en minutos)							
Tiempo que has pasado dormido (en minutos)							
Eficiencia del sueño							

Escala de valores de la calidad del sueño: 0 = pésima calidad; 25 = mala calidad; 50 = calidad media; 75 = buena calidad; 100 = calidad excelente.

Completa, por favor, esta tabla lo mejor que puedas:

Días de la semana							
Hora a la que intentaste conciliar el sueño							
¿Cuánto tardaste (en minutos) en dormirte?							
¿Cuántas veces te despertaste e intentaste volverte a dormir?							
¿Cuánto tiempo estuviste despierto mientras tanto? (Minutos en total)							
¿A qué hora te has despertado por última vez esta mañana?							
Valora la calidad de tu sueño (consulta la escala de valores anotada debajo)							
Oportunidad de sueño (en minutos)							
Tiempo que has pasado dormido (en minutos)							
Eficiencia del sueño							

Escala de valores de la calidad del sueño: 0 = pésima calidad; 25 = mala calidad; 50 = calidad media; 75 = buena calidad; 100 = calidad excelente.

Completa, por favor, esta tabla lo mejor que puedas:

Días de la semana							
Hora a la que intentaste conciliar el sueño							
¿Cuánto tardaste (en minutos) en dormirte?							
¿Cuántas veces te despertaste e intentaste volverte a dormir?							
¿Cuánto tiempo estuviste despierto mientras tanto? (Minutos en total)							
¿A qué hora te has despertado por última vez esta mañana?							
Valora la calidad de tu sueño (consulta la escala de valores anotada debajo)							
Oportunidad de sueño (en minutos)							
Tiempo que has pasado dormido (en minutos)							
Eficiencia del sueño							

Escala de valores de la calidad del sueño: 0 = pésima calidad; 25 = mala calidad; 50 = calidad media; 75 = buena calidad; 100 = calidad excelente.

Completa, por favor, esta tabla lo mejor que puedas:

Días de la semana							
Hora a la que intentaste conciliar el sueño							
¿Cuánto tardaste (en minutos) en dormirte?							
¿Cuántas veces te despertaste e intentaste volverte a dormir?							
¿Cuánto tiempo estuviste despierto mientras tanto? (Minutos en total)							
¿A qué hora te has despertado por última vez esta mañana?							
Valora la calidad de tu sueño (consulta la escala de valores anotada debajo)							
Oportunidad de sueño (en minutos)							
Tiempo que has pasado dormido (en minutos)							
Eficiencia del sueño							

Escala de valores de la calidad del sueño: 0 = pésima calidad; 25 = mala calidad; 50 = calidad media; 75 = buena calidad; 100 = calidad excelente.

NOTAS

Introducción

1. Aric A. Prather *et al.*, «Sleep and Antibody Response to Hepatitis B Vaccination», *Sleep*, 35, n.° 8, 1 de agosto de 2012, págs. 1063-1069, <doi.org/10.5665/sleep.1990>.

2. Aric A. Prather *et al.*, «Temporal Links Between Self-Reported Sleep and Antibody Responses to the Influenza Vaccine», *International Journal of Behavioral Medicine*, 31 de marzo de 2020, <doi.org/10.1007/s12529-020-09879-4>; Karine Spiegel, John F. Sheridan y Eve Van Cauter, «Effect of Sleep Deprivation on Response to Immunization», *JAMA*, 288, n.° 12, 25 de septiembre de 2002, págs. 1471-1472, <doi.org/10.1001/jama.288.12.1471-a>.

3. Aric A. Prather *et al.*, «Behaviorally Assessed Sleep and Susceptibility to the Common Cold», *Sleep*, 38, n.° 9, 1 de septiembre de 2015, págs. 1353-1359, <doi.org/10.5665/sleep.4968>.

4. Adam J. Krause *et al.*, «The Pain of Sleep Loss: A Brain Characterization in Humans», *Journal of Neuroscience: The Official Journal of the Society for Neuroscience*, 39, n.° 12, 20 de marzo

de 2019, págs. 2219-2300, <doi.org/10.1523/JNEUROSCI.2408-18.2018>.

5. Chandra L. Jackson, Susan Redline y Karen M. Emmons, «Sleep As a Potential Fundamental Contributor to Disparities in Cardiovascular Health», *Annual Review of Public Health*, 36, 18 de marzo de 2015, págs. 417-440, <doi.org/10.1146/annurevpublhealth-031914-122838>.

6. Luciana Besedovsky, Tanja Lange y Monika Haack, «The Sleep-Immune Crosstalk in Health and Disease», *Physiological Reviews*, 99, n.º 3, 28 de marzo de 2019, págs. 1325-1380, <doi.org/10.1152/physrev.00010.2018>.

7. Sirimon Reutrakul, Naresh M. Punjabi y Eve Van Cauter, «Impact of Sleep and Circadian Disturbances on Glucose Metabolism and Type 2 Diabetes», en Catherine C. Cowie *et al.* (eds.), *Diabetes in America*, 3.ª ed., Bethesda, Maryland, National Institute of Diabetes and Digestive and Kidney Diseases, 2018, <ncbi.nlm.nih.gov/books/NBK568006/>.

8. Veronica Guadagni *et al.*, «The Effects of Sleep Deprivation on Emotional Empathy», *Journal of Sleep Research*, 23, n.º 6, diciembre de 2014, págs. 657-663, <doi.org/10.1111/jsr.12192>; Amie M. Gordon y Serena Chen, «The Role of Sleep in Interpersonal Conflict: Do Sleepless Nights Mean Worse Fights?», *Social Psychological and Personality Science*, 5, n.º 2, 1 de marzo de 2014, págs. 168-175, <doi.org/10.1177/1948550613488952>.

9. Mark R. Rosekind *et al.*, «The Cost of Poor People: Workplace Productivity Loss and Associated Costs», *Journal of Occupational and Environmental Medicine*, 52, n.º 1, 2010, págs. 91-98; Robert Stickgold y Matthew Walker, «To Sleep, Perchance to Gain Creative Insight?», *Trends in Cognitive Sciences*, 8, n.º 5, mayo de 2004, págs. 191-192, <doi.org/10.1016/j.tics.2004.03.003>.

10. Lulu Xie *et al.*, «Sleep Drives Metabolite Clearance from

the Adult Brain», *Science*, 342, n.º 6.156, 18 de octubre de 2013, págs. 373-377, <doi.org/10.1126/science.1241224>.

Antes de empezar

1. Kelly Glazer Baron *et al.*, «Orthosomnia: Are Some Patients Taking the Quantified Self Too Far?», *Journal of Clinical Sleep Medicine: Official Publication of the American Academy of Sleep Medicine*, 13, n.º 2, 15 de febrero de 2017, págs. 351-354, <doi.org/10.5664/jcsm.6472>.

Día 1. Pon el despertador (interno)

1. Nathaniel F. Watson *et al.*, «Recommended Amount of Sleep for a Healthy Adult: A Joint Consensus Statement of the American Academy of Sleep Medicine and Sleep Research Society», *Sleep*, 38, n.º 6, 1 de junio de 2015, págs. 843-844, <doi.org/10.5665/sleep.4716>.

2. Ellen R. Stothard *et al.*, «Circadian Entrainment to the Natural Light-Dark Cycle Across Seasons and the Weekend», *Current Biology*, 27, n.º 4, 20 de febrero de 2017, págs. 508-513, <doi.org/10.1016/j.cub.2016.12.041>.

3. Till Roenneberg y Martha Merrow, «The Circadian Clock and Human Health», *Current Biology*, 26, n.º 10, 23 de mayo de 2016, págs. R432-443, <doi.org/10.1016/j.cub.2016.04.011>.

4. Jiu-Chiuan Chen *et al.*, «Sleep Duration, Cognitive Decline, and Dementia Risk in Older Women», *Alzheimer's & Dementia*, 12, n.º 1, 1 de enero de 2016, págs. 21-33, <doi.org/10.1016/j.jalz.2015.03.004>; Francesco P. Cappuccio *et al.*, «Sleep

Duration Predicts Cardiovascular Outcomes: A Systematic Review and Meta-Analysis of Prospective Studies», *European Heart Journal*, 32, n.º 12, 1 de junio de 2011, págs. 1484-1492, <doi.org/10.1093/eurheartj/ehr007>; Long Zhai, Hua Zhang y Dongfeng Zhang, «Sleep Duration and Depression among Adults: A Meta-Analysis of Prospective Studies», *Depression and Anxiety*, 32, n.º 9, 2015, págs. 664-670, <doi.org/10.1002/da.22386>; Yili Wu, Long Zhai y Dongfeng Zhang, «Sleep Duration and Obesity Among Adults: A Meta-Analysis of Prospective Studies», *Sleep Medicine*, 15, n.º 12, 1 de diciembre de 2014, págs. 1456-1462, <doi.org/10.1016/j.sleep.2014.07.018>.

5. Harald Schrader, Gunnar Bovin y Trond Sand, «The Prevalence of Delayed and Advanced Sleep Phase Syndromes», *Journal of Sleep Research*, 2, n.º 1, 1993, págs. 51-55, <doi.org/10.1111/j.1365-2869.1993.tb00061.x>.

6. Michael Gradisar y Stephanie J. Crowley, «Delayed Sleep Phase Disorder in Youth», *Current Opinion in Psychiatry*, 26, n.º 6, noviembre de 2013, págs. 580-585, <doi.org/10.1097/YCO.0b013e328365ald4>.

Día 2. Desacelera

1. Soomi Lee *et al.*, «Daily Antecedents and Consequences of Nightly Sleep», *Journal of Sleep Research*, 26, n.º 4, agosto de 2017, págs. 498-509, <doi.org/10.1111/jsr.12488>.

2. Yang Yap *et al.*, «Bi-Directional Relations between Stress and Self-Reported and Actigraphy-Assessed Sleep: A Daily Intensive Longitudinal Study», *Sleep*, 43, n.º 3, 12 de marzo de 2020, zsz250, <doi.org/10.1093/sleep/zsz250>.

3. Jared D. Minkel *et al.*, «Sleep Deprivation and Stressors: Evidence for Elevated Negative Affect in Response to Mild Stres-

sors When Sleep Deprived», *Emotion*, 12, n.º 5, octubre de 2012, págs. 1015-1020, <doi.org/10.1037/a0026871>.

4. Amie M. Gordon y Serena Chen, «The Role of Sleep in Interpersonal Conflicts: Do Sleepless Nights Mean Worse Fights?», *Social Psychology and Personality Science*, 5, n.º 2, 1 de marzo de 2014, págs. 168-175, <doi.org/10.1177/1948550613488952>.

5. Stephanie M. Greer, Andrea N. Goldstein y Matthew P. Walker, «The Impact of Sleep Deprivation on Food Desire in the Human Brain», *Nature Communications*, 4, 2013, pág. 2259, <doi.org/10.1038/ncomms3259>.

6. Shanta M. W. Rajaratnam *et al.*, «Sleep Disorders, Health, and Safety in Police Officers», *JAMA*, 306, n.º 23, 21 de diciembre de 2011, págs. 2567-2578, <doi.org/10.1001/jama.2011.1851>.

7. Kyoungmin Cho, Christopher M. Barnes, y Cristiano L. Guanara, «Sleepy Punishers Are Harsh Punishers», *Psychological Science*, 28, n.º 2, febrero de 2017, págs. 242-247, <doi.org/10.1177/0956797616678437>.

8. Christopher M. Barnes *et al.*, «You Wouldn't Like Me When I'm Sleepy': Leaders' Sleep, Daily Abusive Supervision, and Work Unit Engagement», *Academy of Management Journal*, 58, n.º 5, 1 de octubre de 2015, págs. 1419-1437, <doi.org/10.5465/amj.2013.1063>.

9. Tanja C. Adam y Elissa S. Epel, «Stress, Eating and the Reward System», *Physiology & Behavior*, 91, n.º 4, 24 de julio de 2007, págs. 449-458, <doi.org/10.1016/j.physbeh.2007.04.011>.

10. Marie-Pierre St-Onge *et al.*, «Fiber and Saturated Fat Are Associated with Sleep Arousals and Slow Wave Sleep», *Journal of Clinical Sleep Medicine: Official Publication of the American Academy of Sleep Medicine*, 12, n.º 1, 2016, págs. 19-24, <doi.org/10.5664/jcsm.5384>.

11. *Ibidem.*

12. Elissa S. Epel y Aric A. Prather, «Stress, Telomeres, and Psychopathology: Toward a Deeper Understanding of a Triad of Early Aging», *Annual Review of Clinical Pshychology*, 14, 7 de mayo de 2018, págs. 371-397, <doi.org/10.1146/annurev-clinpsy-032816-045054>.

13. Marta Jackowska *et al.*, «Short Sleep Duration Is Associated with Shorter Telomere Lenght in Healthy Men: Findings from the Whitehall II Cohort Study», *Plos One*, 7, n.º 10, 2012, e47292, <doi.org/10.1371/journal.pone.0047292>.

14. Prashant Kaul *et al.*, «Meditation Acutely Improves Psychomotor Vigilance, and May Decrease Sleep Need», *Behavioral and Brain Functions*, 6, 29 de julio de 2010, pág. 47, <doi.org/10.1186/1744-9081-6-47>.

Día 3. Actívate, pero hazlo bien

1. Diane C. Mitchell *et al.*, «Beverage Caffeine Intakes in the U.S.», *Food and Chemical Toxicology: An International Journal Published for the British Industrial Biological Research Association*, 63, 2014, págs. 136-142, <doi.org/10.1016/j.fct.2013.10.042>.

2. Afirmación basada en el supuesto de que cada saco de sesenta kilos produce alrededor de unas 8.520 tazas de café.

3. Marjo H. Eskelinen y Miia Kivipelto, «Caffeine As a Protective Factor in Dementia and Alzheimer's Disease», *Journal of Alzheimer's Disease*, 20, suplemento 1, 2010, págs. S167-174, <doi.org/10.3233/JAD-2010-1404>; Laura M. Stevens *et al.*, «Association between Coffee Intake and Incident Heart Failure Risk», *Circulation: Heart Failure*, 14, n.º 2, 1 de febrero de 2021, e006799, <doi.org/10.1161/CIRCHEARTFAILURE.119.0067

99>; Rob M. van Dam y Frank B. Hu, «Coffe Consumption and Risk of Type 2 Diabetes: A Systematic Review», *JAMA*, 294, n.º 1, 6 de julio de 2005, págs. 97-104, <doi.org/10.1001/jama.294.1.97>.

4. Garrett C. Hisler y Jean M. Twenge, «Sleep Characteristics of U.S. Adults Before and During the COVID-19 Pandemic», *Social Science & Medicine*, 276, 1 de mayo de 2021, 113849, <doi.org/10.1016/j.socsimed.2021.113849>; Charles M. Morin *et al.*, «Sleep and Circadian Rhythm in Response to the COVID-19 Pandemic», *Canadian Journal of Public Health*, 111, n.º 5, 1 de octubre de 2020, págs. 645-657, <doi.org/10.17269/s41997-020-00382-7>; Rebecca Robbins *et al.*, «Estimated Sleep Duration Before and During the COVID-19 Pandemic in Major Metropolitan Areas on Different Continents: Observational Study of Smartphone App Data», *Journal of Medical Internet Research*, 23, n.º 2, 2 de febrero de 2021, e20546, <doi.org/10.2196/20546>.

5. «Effects of Caffeine and Acute Aerobic Exercise on Working Memory and Caffeine Withdrawal | Scientific Reports», entrada del 3 de febrero de 2022, <www.nature.com/articles/s41598-019-56251-y>.

6. Elissa S. Epel, «The Geroscience Agenda: Toxic Stress, Hormetic Stress, and the Rate of Aging», *Ageing Research Reviews*, 63, noviembre de 2020, 101167, <doi.org/10.1016/j.arr.2020.101167>.

Día 4. Preocúpate por las mañanas

1. Amie M. Gordon *et al.*, «Bidirectional Links Between Social Rejection and Sleep», *Psychosomatic Medicine*, 81, n.º 8, 2019, págs. 739-748, <doi.org/10.1097/PY.0000000000000669>.

2. Ethan Kross *et al.*, «Social Rejection Shares Somatosen-

sory Representations with Physical Pain», *Proceedings of the National Academy of Sciences*, 108, n.º 15, abril de 2011, págs. 6270-6275; <doi.org/10.1073/pnas.1102693108>.

3. G. W. Brown y T. O. Harris, *Social Origins of Depression: A Study of Psychiatric Disorder in Women*, Nueva York, Free Press, 1978; Constance Hammen, «Stress and Depression», *Annual Review of Clinical Psychology*, 1, 2005, págs. 293-319, <doi.org/10.1146/annurev.clinpsy.1.102803.143938>.

4. Sally S. Dickerson y Margaret E. Kemeny, «Acute Stressors and Cortisol Responses: A Theoretical Integration and Synthesis of Laboratory Research», *Psychological Bulletin*, 130, n.º 3, mayo de 2004, págs. 355-391, <doi.org/10.1037/0033-2909.130.3.355>; Sally S. Dickerson, Tara L. Gruenewald y Margaret E. Kemeny, «When Social Self Is Threatened: Shame, Physiology, and Health», *Journal of Personality*, 72, n.º 6, diciembre de2004, págs. 1191-1216, <doi.org/10.1111/j.1467-6494.2004.00295.x>.

5. Gordon *et al.*, «Bidirectional Links Between Social Rejection and Sleep», art. cit.

6. Sofia Pappa *et al.*, «Prevalence of Depression, Anxiety, and Insomnia Among Healthcare Workers During the COVID-19 Pandemic: A Systematic Review and Meta-Analysis», *Brain, Behavior, and Immunity*, 88, agosto de 2020, págs. 901-907, <doi.org/10.1016/j.bbi.2020.05.026>.

7. «Covid-19: Tracking the Impact on Media Consumption», Nielsen, 16 de junio de 2020, <www.nielsen.com/us/en/insights/article/2020/covid-19-tracking-the-impact-on-media-consumption/>.

8. Michelle J. Sternthal, Natalie Slopen y David R. Williams, «Racial Disparities in Health: How Much Does Stress Really Matter?», *Du Bois Review: Social Science Research on Race*, 8, n.º 1, 2011, págs. 95-113, <doi.org/10.1017/S1742058X11000087>.

9. Amie G. Gordon *et al.*, «Anticipated and Experienced Ethnic/Racial Discrimination and Sleep: A Longitudinal Study», *Personality & Social Psychology Bulletin*, 46, n.º 12, diciembre de 2020, págs. 1724-1735, <doi.org/10.1177/0146167220928859>.

Día 5. No eres un ordenador: no puedes apagar el equipo

1. Rishi Sharma, Pradeep Sahota y Mahesh M. Thakkar, «Melatonin Promotes Sleep in Mice by Inhibiting Orexin Neurons in the Perifornical Lateral Hypothalamus», *J Pineal Res*, 2018, pág. 65, el2498, <doi.org/10.1111/jpi.12498>.

2. Anne-Marie Chang *et al.*, «Evening Use of Light-Emitting EReaders Negatively Affects Sleep, Circadian Timing, and Next-Morning Alertness», *Proceedings of the National Academy of Sciences*, 112, n.º 4, 27 de enero de 2015, págs. 1232-1237, <doi.org/10.1073/pnas.1418490112>.

3. Chiranth Bhagavan *et al.*, «Cannabinoids in the Treatment of Insomnia Disorder: A Systematic Review and Meta-Analysis», *CNS Drugs*, 34, n.º 12, diciembre de 2020, págs. 1217-1228, <doi.org/10.1007/s40263-020-00773-x>.

4. Adrian F. Ward *et al.*, «Brain Drain: The Mere Presence of One's Own Smartphone Reduces Available Cognitive Capacity», *Journal of the Association for Consumer Research*, 2, n.º 2, 1 de abril de 2017, págs. 140-154, <doi.org/10.1086/691462>.

5. Dar Meshi, Diana I. Tamir y Hauke R. Heekeren, «The Emerging Neuroscience of Social Media», *Trends in Cognitive Sciences*, 19, n.º 12, 1 de diciembre de 2015, págs. 771-782, <doi.org/10.1016/j.tics.2015.09.004>.

6. Joao M. Castaldelli-Maia, Luis E. Segura y Silvia S. Martins, «The Concerning Increasing Trend of Alcohol Beverage

Sales in the U.S. During the COVID-19 Pandemic», *Alcohol*, 96, 2021, págs. 37-42, <doi.org/10.1016/j.alcohol.2021.06.004>.

7. Rachel R. Markwald *et al.*, «Impact of Insufficient Sleep on Total Daily Energy Expenditure, Food Intake, and Weight Gain», *Proceedings of the National Academy of Sciences*, 110, n.º 14, 2 de abril de 2013, págs. 5695-5700, <doi.org/10.1073/pnas.1216951110>; Yili Wu, Long Zhai y Dongfeng Zhang, «Sleep Duration and Obesity Among Adults: A Meta-Analysis of Prospective Studies», *Sleep Medicine*, 15, n.º 12, 1 de diciembre de 2014, págs. 1456-1462, <doi.org/10.1016/j.sleep.2014.07.018>.

8. Christopher M. Barnes *et al.*, «You Wouldn't Like Me When I'm Sleepy': Leaders' Sleep, Daily Abusive Supervision, and Work Unit Engagement», *Academy of Management Journal*, 58, n.º 5, 1 de octubre de 2015, págs. 1419-1437, <doi.org/10.5465/amj.2013.1063>; Christopher M. Barnes *et al.*, «Too Tired to Inspire or Be Inspired: Sleep Deprivation and Charismatic Leadership», *Journal of Applied Psychology*, 101, n.º 8, agosto de 2016, págs. 1191-1199, <doi.org/10.1037/apl0000123>.

Día 6. (Re)entrena el cerebro

1. I. P. Pavlov, «New Researches on Conditioned Reflexes», *Science*, 58, n.º 1506, 1923, págs. 359-361, <doi.org/10.1126/science.58.1506.359>.

Día 7. Quédate levantado hasta tarde

1. A. Roger Ekirch, «Sleep We Have Lost: Pre-Industrial Slumber in the Bristish Isles», *American Historical Review*, 106,

n.º 2, abril de 2001, págs. 343-386, <doi.org/10.1086/ahr/106.2.343>.

2. Thomas Wehr, «In Short Photoperiods, Human Sleep Is Biphasic», *Journal of Sleep Research*, 1, n.º 2, abril de 2001, págs. 103-107, <doi.org/10.1111/j.1365-2869.1992.tb00019.x>.

3. Bryant Rousseau, «Napping in Public? In Japan, That's a Sign of Diligence», *New York Times*, 16 de diciembre de 2006.

4. Guangsen Shi *et al.*, «Mutations in Metabotropic Glutamate Receptor 1 Contribute to Natural Short Sleep Trait», *Current Biology*, 31, n.º 1, 11 de enero de 2021, págs. 13-24, <doi.org/10.106/j.cub.2020.09.071>.

De este libro me quedo con...

Este libro se terminó de imprimir en los talleres
de Limpergraf, en noviembre de 2024.

La receta para dormir ha sido posible gracias al trabajo
de su autor, Aric A. Prather, así como de la traductora
Sílvia Alemany, el diseñador José Ruiz-Zarco, el equipo
de Realización Planeta, la directora editorial Marcela Serras,
la editora ejecutiva Rocío Carmona, la editora Ana Marhuenda,
y el equipo comercial, de comunicación y marketing de Diana.

En Diana hacemos libros que fomentan
el autoconocimiento e inspiran a los lectores
en su propósito de vida. Si esta lectura te ha gustado,
te invitamos a que la recomiendes y que así, entre
todos, contribuyamos a seguir expandiendo
la conciencia.